U0115831

近現代中華文化思想叢刊

權勢轉移：近代中國的思想與社會（修訂版）

上冊

羅志田　著

目次

修訂版序

　　《權勢轉移：近代中國的思想、社會與學術》一書出版於一九九九年，合同期滿以後，常有出版社來聯繫再版的事，讓我感動。然因打算進行大範圍的重編，一直拖延著。譚徐鋒先生鍥而不捨，終使我不得不妥協。原設想中的一些必要的文字，到現在也沒有完成。不得已，只能較大幅度地改編，希望以後可以實現更徹底的重編。

　　原書由十篇文字組成，今略去了學術部分的兩篇（因有密切相關的新作，當另組），刪去了胡適少年受學經歷一篇，另有四篇論述具體人事的，移出與他文另編一集。留下的只有三篇，並新增六文。所留所增者，都是偏重於通論的文字，希望能從稍更宏觀的角度認識近代中國的權勢轉移。遺憾的是，近代「經典的消逝」是一項非常重要的權勢轉移。本已寫出一文的粗稿，參加了臺北中研院的漢學會議。但因為各種文債壓身，竟不能及時修訂完成，那邊有負漢學會議擬收入文集的厚意，這裡也只好暫闕。此文若收入，全書的整體感會更強一些。

　　新增各文中，有兩文採自《二十世紀的中國思想與學術掠影》一書。當初那書是聽朋友之勸，嘗試將各種不同形式的文章集合在一起，以適應各方面的讀者。現在看來，不同讀者的閱讀興趣似呈分而不合的趨勢，故將其中三篇研究性文章析出，兩入此集（關於民族主義的一文已大幅度改寫），一入他集。該書餘下的內容，擬補入一批文化與學術評論文字，進行重組。

各文因論述相關，不免有重複之處，自己有時還不易察覺。蘇州大學歷史系的魯萍老師代為核閱一過，指出了雷同之處，這是我非常感謝的！凡是史料敘述重複之處，現已儘量刪並。惟馬克思、章太炎和胡適個別有代表性的話，借用布克哈特的話說，「散發著耀眼的啟示之光」，都引用兩次以上，仍予保留。少數綜合性的論述文字，如「科舉制是一項集文化、教育、政治、社會等多方面功能的基本建制，⋯⋯使整個社會處於一種循環流動之中」云云，在相關論文中數次出現，刪去似妨礙上下文的理解，故仍保留。尚祈諒解。

現在重看舊作，印象特別深的是每篇文章前面曾有那樣多致謝的人。這是因為那時的治學條件確實較差，尤其在成都治近代史，資料非常缺乏（四川早年主持圖書館的老先生基本不視近幾十年的歷史為正當學問，所以不重視這類史料的收藏），不得不境內外四處求援；與今天材料多到看不完的狀態，真不可同日而語。各文中致謝的人，有的已歸道山，許多成了大人物。這次的修訂，凡是前輩和平輩，姓名皆刪略（感激則永存心中），僅留下那些幫助過我的年輕人之姓名。

也因當年的資料狀況，文中使用材料的版本各異，尤其是歷史上不那麼「進步」甚或「政治不正確」的人物，其文集昔年很難再版，幾乎是找到什麼用什麼，顯得相當雜亂。這次凡修改之文，儘量改用新出的全集一類統一文本，餘亦仍舊，只能以後再進行全面的修訂。如有因此而產生的文字歧異和錯誤，非常希望發現的讀者予以指正，謹先致謝忱！

二〇一三年三月十八日於旅京寓所

原序

　　一八四八年，馬克思和恩格斯在《共產黨宣言》中說：資產階級「把一切民族，甚至最野蠻的民族，都捲到文明中來了。它的商品的低廉價格，是它用來摧毀一切萬里長城、征服野蠻人最頑強的仇外心理的重炮。它迫使一切民族──假如他們不想滅亡的話──採用資產階級的生活方式；它迫使他們在自己那裡推行所謂文明制度，即變成資產者。一句話，它按照自己的面貌為自己創造出一個世界。」約半個世紀之後（1903年），萬里長城之內的青年魯迅在《自題小像》的詩中以一句「靈臺無計逃神矢」沉痛地應和了馬恩的話。如王汎森先生所言，魯迅的詩「充分道出清末民初知識分子在西方勢力傾覆之下的困境」。[1]

　　西潮東漸以前，中國的發展基本上遵循一種「在傳統中變」（change within tradition）的模式。[2] 實際上，儘管西方自身在十九世紀二十世紀也充滿變化，有時甚至是劇烈的變化，但對西方來說，即使是與傳統決裂，仍可以是在傳統中變。而這樣一種發展模式在西潮衝擊下的近代中國卻已難以維持，因為西方要迫使全世界跟著它變。在西人的引導之下，中國士人逐漸認識到：西方的強大並非只是靠其

1　王汎森：《古史辯運動的興起：一個思想史的分析》，臺北：允晨出版公司，1987年，1頁。

2　這個術語借用自E.A. Kracke, Jr., "Song Society: Change within Tradition," *Far Eastern Quarterly*, 14:4(Aug. 1955), pp. 479-488.

工藝和科技，在此之後尚有更重要的制度和觀念。對中國而言，僅僅是要生存，用當時人的話說，就是要保存中國的種姓和國粹，也不得不至少學習造成西方強大的那些秘訣。雖然各人的具體理解和表述並不一樣，「向西方學習」的確是清季以來中國士人的共識。一旦中國人接受這樣一種西方思維，其所尋求的改變就只有遵循一個向西走的方向，也就只能是在傳統之外變（change beyond tradition），甚或有意背離傳統而變（change against tradition）。

如果把近代中西文化交往視作兩大文化體系的競爭的話，則中國一方正如羅榮渠先生指出的，是「打了大敗仗，發生了大崩潰」。[3]中國士人本來是以文野分華夷，自認居世界文化的中心，而視洋人為野而不文的「夷狄」，到後來則主動承認西方為文明而自認野蠻，退居世界文化的邊緣；從開始的降節學習「夷狄」之「長技」發展到傾慕「泰西」的學問、蜂擁出洋遊學。觀此可知中國文化在這場競爭中的失敗有多徹底。

今人早已視留學為正途，但對有血氣的近代中國士人來說，就像胡適在《非留學篇》中所說的：「以數千年之古國，東亞文明之領袖，曾幾何時，乃一變而北面受學，稱弟子國。天下之大恥，孰有過於此者乎！」胡適曾形象地描繪說：當中國酣睡之時，西人已為世界造一新文明。「此新文明之勢力，方挾風鼓浪，蔽天而來，叩吾關而窺吾室。以吾數千年之舊文明當之，乃如敗葉之遇疾風，無往而不敗衄。」很明顯，胡適正是將近代中西之爭視為兩個文明之爭。中國一方既然競爭失敗，就只有「忍辱蒙恥，派遣學子，留學異邦。」[4]自

---

3 羅榮渠：《論美國與西方資產階級新文化輸入中國》，《近代史研究》，1986年2期，78頁。

4 胡適：《非留學篇》，原刊1914年的《留美學生季報》第3期，收入周質平編《胡適早年文存》，臺北：遠流出版公司，1995年，352-371頁。

已就留學且一向頗稱道西方的胡適之所以要「非」留學，其根本原因就在留學是文化競爭失敗即「學不能競」的結果。

失敗之餘，中國文化思想界就成了外來觀念的天下，給他人作了戰場。我們如果細查當年知識分子提出的各種救國救文化的路徑，大多與西方有關。之所以如此，正是因為二十世紀上半葉在中國風行競爭的各種思想體系，即各種「主義」，就極少有不是西來者。[5] 中國政治思想言說（discourse）中最具標幟性的關鍵字匯（keywords）如「平等」、「民主」、「科學」、「自由」等，也幾乎無一不來自西方。從民初的「問題與主義」論戰，到二十年代的「科學與玄學」論戰，再到三十年代的「中國社會性質」論戰，在在均是西與西戰。

自十九世紀末以來，中國知識分子對本國傳統從全面肯定到全面否定的都有；對西方思想主張全面引進或部分借鑒的也都有，唯獨沒有全面反對的。他們之間的差距不過在到底接受多少西方思想。假如我們可以把馬恩話中的「資產階級」換為「西方」的話，從魯迅寫前引一詩之時起，雖然「商品的低廉價格」尚在長城之外徘徊，可以說西方已用其他的方式迫使中國人在文化上按照西方的面貌來改變中國的世界。錢穆曾觀察到，近現代中國人不論是信仰還是反對孫中山的，都是比附或援據西洋思想來信仰或反對。[6] 我們或可以說，二十世紀中國知識分子不論是維護還是反對中國傳統，基本都是以西方觀念為思想武器的。

五四新文化運動時期西向知識分子攻擊傳統最多的，不外小腳、小老婆、鴉片和人力車，其中後兩樣便是西人帶來的。鴉片是不用說了。人力車本由日本人創造，不能算純西洋貨，但其流入中國，卻是

5　即使是最具中國特色的孫中山的三民主義，雖然也確實結合了一些中國文化因素，但以孫本人常用林肯的「民有、民治、民享」來概括其主義，即可見其淵源之一斑。

6　錢穆：《中國思想史》，香港：新亞書院，1962年，175頁。

由先在日本的西方傳教士帶入中國；其最初的乘坐者，也多是租界裡的西洋人。舶來品竟然成了中國傳統——即使是壞傳統——的象徵，最能體現此時西潮已漸成「中國」之一部。而西向知識分子把舶來品當作自己的傳統來批判，其實也是受西人的影響。鴉片和人力車就曾被晚一點來華的西人視為中國的特徵，並成為西方之「中國形象」的一個負面組成部分，在轉了數圈之後又由閱讀西方書籍的中國知識分子帶回來作攻擊傳統之用。近代中西膠著之複雜，早已是「層累堆積」且循環往復了好幾次了。

中西膠著的複雜有時也造成一種思想的混亂和角色的倒置。某些中國人的「西化」甚至超過了西人，而有的西方人倒顯得更中國化。通常人到了異文化區域會有一種「文化震盪」現象，但二十世紀初出洋的一些留學生到了外國，不僅沒有什麼「文化震盪」，倒頗有賓至如歸的感覺。青年胡適到美國後就有他鄉勝故鄉的感受；相反，在中國居住多年的莊士敦（R.F. Johnston）回到英國後卻感到格格不入。[7]

民初的一個弔詭性現象是中國人拼命反傳統，有些外國人反而在提倡保存中國的文化傳統。從溥儀的老師莊士敦到哲學大師羅素，在這一點上都相通。保存中國文化傳統而須由外國人來提倡，正是典型的角色倒置。反之，提倡西化的許多中國士人不僅自己激烈反傳統，而且一直在抵制西人要保留中國傳統的意圖。胡適在一九二六年就尖銳地批評西方「既要我們現代化，又要我們不放棄〔傳統的〕美妙事物。」[8] 胡適本人也認為中國傳統中有可取處，他反對的主要是由西

7　參見羅志田：《再造文明之夢——胡適傳》，成都：四川人民出版社，1995年，96-97頁；莊士敦致莫理循，1913年10月9日，駱惠敏編：《清末民初政情內幕：〈泰晤士報〉駐北京記者袁世凱政治顧問喬‧尼‧莫理循通信集》，中譯本，知識出版社1986年，下冊，235-236頁。

8　《胡適的日記（手稿本）》，臺北：遠流出版公司，1989-1990年版，1926年11月26日（原書無頁）。

人來提倡保護中國傳統。但是這樣一種角色的倒置確實表現了民初中國思想界的混亂和中西之間那種扯不清的糾葛。

更具提示性的是，即使是民初以維護國粹為目的的「國粹學派」（以《國粹學報》為主要喉舌）和稍後出現的《學衡》派（其目的與「國粹學派」相近），雖然都被視為「文化保守主義者」，實際上也都在西潮的影響之下。余英時先生已注意到，「國粹學派」的史學家如劉師培等人，「直以中國文化史上與西方現代文化價值相符合的成份為中國的『國粹』」。[9] 特別是《學衡》派，其主要人物的西化程度，恐怕還超過大多數鼓吹「全盤西化」者。《學衡》派主將吳宓就自認他本人不是在傳接中國文化的傳統，而是「間接承繼西洋之道統，而吸收其中心精神」。[10] 這是近代中國「在傳統之外變」的典型例證。這兩個學派是否是文化保守主義者其實還大可商榷，這裡無法詳論。但這類人也受西潮影響如此之深，更進一步揭示了中國在近代中西文化競爭中的失敗。

如果說「國粹學派」以中國文化史上與西方現代文化價值相符合的成份為中國的「國粹」是一種時人對西方自覺或不自覺的主動認同，對民國以後的人來說，這樣的認同或者已無必要，或者意義已不相同。從廣義的權勢觀看，西方文化優越觀在中國的確立即意味著此時「西方」已成為中國權勢結構的一個既定組成部分。這一權勢雖然

---

9 余英時：《中國知識分子的邊緣化》，《二十一世紀》（香港），第6期（1991年8月），23頁。

10 為不致誤解吳宓意思，茲錄其原話如下：「世之譽宓毀宓者，恆指宓為儒教孔子之徒，以維持中國舊禮教為職志。不知宓所資感發及奮鬥之力量，實來自西方。質言之，宓愛讀《柏拉圖語錄》及《新約聖經》。宓看明（一）希臘哲學（二）基督教為西洋文化之二大源泉，及西洋一切理想事業之原動力。而宓親受教於白璧德師及莫爾先生，亦可云宓曾間接承繼西洋之道統，而吸收其中心精神。宓持此所得之區區以歸，故更能了解中國文化之優點與孔子之崇高中正。」《吳宓詩及其詩話·空軒詩話·二十一》，西安：陝西人民出版社，1992年，250-251頁。

不像不平等條約那樣明顯，但以對中國人思想的發展演變而言，其影響的深遠恐怕還在不平等條約之上。君不見在不平等條約已經廢除半個世紀後的今天，有些人在講到中國的人文傳統時，所說的仍然幾乎全是西洋的東西，就可見此影響有多麼深遠了。[11]

從某種意義上說，二十世紀西向知識分子將舶來品當做自己的傳統，和今人將某些西方觀念當做中國人文精神這些現象，未必就體現了他們對國情的誤解。對於生在鴉片和人力車隨處可見而又非事事都要考證的人來說，這些東西確實是他們所見的「中國」的一部分。吳宓之所以感到有必要強調他是在「承繼西洋之道統」而不是中國文化的傳統，就是因為彼時兩者已經有些難以區別了。對於更晚的中國人來說，那些由西向知識分子所傳播的半中半西的「新學」、以及由吳宓這樣的「文化保守主義者」保存下來的「中國文化」，又何嘗不是傳統的一部分呢。概言之，十九世紀的「西潮」其實已成為二十世紀的「中國」之一部分。因此，今日言中國傳統，實應把西潮（但不是西方）包括在內。

當然，強調西潮衝擊的作用，並不意味著近代中國的問題都為西潮所造成。陳寅恪指出：中國文化「歷數千載之演進，造極於趙宋之世，後漸衰微，」[12] 到晚清早已是問題重重了。十七世紀以來中國人口激增，中國傳統政治文化本來重分配的調整甚於生產的發展，較難處理因人口增長帶來的社會問題。[13] 此外，清廷尚面臨滿漢矛盾這一更難處理的問題。[14]

---

11 參見葛佳淵、羅厚立：《誰的人文精神？》，《讀書》1994年8月號。

12 陳寅恪：《金明館叢稿二編》，上海：上海古籍出版社，1980年，245頁。

13 參閱Philip Kuhn, *Rebellion and its Enemies in Late Imperial China: Militarization and Social Structure, 1796-1864*, Cambridge, Mass.: Haevard University Press, 1970.

14 參見羅志田：《夷夏之辨與道治之分》，《學人》，第11輯（1997年6月），75-106頁。

　　而傳統的「上下之隔」和「官民之隔」，到晚清也已發展到相當嚴重的程度。龔自珍在西潮入侵之前的道光年間所寫的《尊隱篇》中，已提到中國文化重心由京師向山林的傾移。由於京師不能留有識之士，造成「豪傑益輕量京師，則山中之勢重」的結果。孔子早就說過：「天下有道則見，無道則隱。」（《論語・泰伯》）只要天下有道，士人就應出仕。而龔生此文竟名為《尊隱》，儼然影射彼時已是天下無道，故士人流向山林，致國失重心。這些都在十九世紀西潮入侵之前或同時，中國之衰敗不待西潮衝擊已經開始。

　　西潮衝擊與中國的問題兩者之間的關係是非常複雜的。首先，西潮衝擊下中國抵抗的無力恰有助於使中國士人認識到中國自身的既存問題與不足；其次，西潮入侵也給中國帶來不少新問題；再次，因西潮入侵引起的新問題常常也起到掩蓋中國自身既存問題的作用；最後，西潮本身確也給中國帶來許多可借鑒的思想資源以解決中國自身的問題。也就是說，西潮的衝擊既暴露了也掩蓋了中國自身的問題，既給中國增添了新問題也提供了一些解決中國問題的資源。但是，西潮進入中國既採取了入侵的方式，這個方式本身就又在很大程度上阻礙了中國士人接受這些新來的思想資源。正如蔣夢麟所說：「如來佛是騎著白象到中國的，耶穌基督卻是騎在炮彈上飛過來的」。[15] 這個形象的表達正提示了近代中國士人在接受西方思想資源時那種自覺不自覺的躊躇。

　　近年來，美國漢學家費正清提倡最力的「西方衝擊──中國反應」這一研究近代中國的詮釋典範（paradigm），因其西方中心觀所暗含的「文化帝國主義」意味，在中美兩國均已不受歡迎。前些年美國新興的取向是要「在中國發現歷史」，亦即重視中國的內在發展。[16]

---

15 蔣夢麟：《西潮》，臺北：中華日報社，1961年，四版，3頁。
16 參見柯文（Paul Cohen）：《在中國發現歷史》，林同奇譯，北京：中華書局，1989年。

近年則更興起試圖尋求一個不受所謂現代民族國家的政治性約束而更接近歷史原狀的學術陳述這樣一種取向。[17] 兩者的共同點是比以前更注意從中國的歷史視角去觀察歷史現象（有願望不一定意味著已做到），這無疑是美國漢學界的新進步，當然是很不錯的。

問題在於，用一個典範去囊括一切固然不可取；但因為這一典範被用得太濫就轉而以為它已可功成身退，恐怕也未必就恰當。特別是在「西潮」已成「中國」之一部以後，所謂近代中國的內在發展，也就包含了一定程度的西方在。則近代中國士人對許多「中國內在問題」（且不說西潮造成的中國問題）的反應多少也可說是對「西潮衝擊」的某種「中國反應」。無論如何，研究典範的合用與否是可以辯論的，「西方衝擊——中國反應」這一重要歷史現象的存在卻是不容置疑的，而且是近代中國歷史研究不可迴避的一大主題。如果因為某種研究典範的擱置而使人忽略通常為其所涵蓋的重要歷史現象，則無異於西人所說的倒洗澡水而連嬰兒一起棄置。

實際上，西潮衝擊中國引起的變化，特別是在文化史、思想史、社會史、學術史等範圍內，中外的研究都尚嫌不夠深入，還可作進一步的探討。類似「西方」、「中國」這樣的詞彙涵蓋面實在太廣，近代西方和中國都是變化萬千，雙方又有其各自發展的內在理路。倘若把視點集中到中國，也應記住衝擊中國的西方是個變數（這一點最為中國的史學研究者所忽視）；而西潮入侵中國之時，中國本身的傳統也在變。如果僅注意西潮衝擊帶來的變化，而忽視西方和中國文化傳統自身演變的內在理路，必然是片面的。

而且，中西雙方也還有許多——或者是更多——不變的層面。特別是近代中國不變的一面，一向都被忽視，以至於相關的基本史實恐

---

17 參見杜贊奇（Prasenjit Duara）與何偉亞（James L. Hevia）等人的相關近作。

怕都需要從頭開始進行大範圍的重建，這也許會成為二十一世紀中國近代史領域所面臨的最大課題。只有在較全面深入地了解了變與不變的兩面，我們才能比較充分地認識近代中國。當然，變與不變是相互緊密關聯的，如果能進一步弄清近代中國變的諸面相，也能從反面或不同的側面為我們提供了解不變一面的參照系。

說到變的一面，近代各種變化中最引人注目者，當然還是西潮的衝擊，即晚清人自己愛說的「數千年未有的大變局」。中國士人面臨西潮盪擊，被迫做出反應，從而引出一系列文化、社會、思想、經濟、政治以及軍事的大變化，無疑是近代最重要的權勢轉移。這些方面的演變不僅密切相關，而且相互影響、彼此互動。在變的共相之下，各領域（比如思想與社會）的變化速度又是不同步的；這與因幅員廣闊所造成的區域性發展不同步共同構成近代中國的一大特色，使得任何框架性的系統詮釋都有相當大的局限性，甚至可能適得其反，恰與歷史原狀相違背。

本書說明

本書選收的是我這些年有關近代中國論文的一部分，這些文章的共同研究取向是返其舊心，注重當事人的當下時代關懷，希望獲得了解之同情；同時在歷史學科的大範圍內儘量跨越子學科如思想史、社會史、學術史的藩籬，以拓寬視野（不敢跨出史學之範圍者，實因力所不能及）；在不忽視各領域自身發展演變之內在理路的基礎上，特別關注它們之間的互動關係，側重的仍是近代中國變的一面。其共同關懷或主題是：一、近代大變局中傳統的中斷與傳承；二、中西文化競爭；三、新舊中西的相互依存、碰撞、互動及（特別在民初的）錯位；四、思想衍化與社會變遷的互動。

各文不敢說言人所未言，惟以拾遺補闕為主，或討論一些過去較少為人注意但卻重要的面相，或從新的視角據新出資料及一些習見但較少為人注意的史料對一些研究已多的問題提出些微新的詮釋。希望能在重建史實的基礎上，為重新認識和詮釋近代中國打一點微薄的基礎。各文均從廣義的文化視角考察歷史現象，其一個共同之處，即特別側重於近代思想、社會與學術層面的權勢轉移。由於充分認識到對近代中國任何框架性的系統詮釋都有相當大的局限性，這些文章雖相互關聯，仍獨立成篇。我的基本看法是：

以士農工商四大社會群體為基本要素的傳統中國社會結構，在自身演變出現危機時，恰遇西潮的衝擊而解體，拉開了近代中國社會結構變遷的序幕。社會結構變遷既是思想演變的造因，也受思想演變的影響。西潮衝擊之下的中國士人，由於對文化競爭的認識不足，沿著西學為用的方向走上了中學不能為體的不歸路。自身文化立足點的失落復造成中國人心態的劇變，從自認為世界文化的中心到承認中國文化野蠻，退居世界文化的邊緣。近代中國可以說已失去重心。結果，從思想界到整個社會都形成一股尊西崇新的大潮，可稱作新的崇拜。

思想權勢的轉移是與社會權勢的轉移伴生的。四民之首的士這一社群，在近代社會變遷中受衝擊最大。廢科舉興學堂等改革的社會意義就是從根本上改變了人的上升性社會變動取向，切斷了「士」的社會來源，使士的存在成為一個歷史範疇。士的逐漸消失和知識分子社群的出現是中國近代社會區別於傳統社會的最主要特徵之一。知識分子與傳統的士的一大區別即其已不再是四民之首，而是一個在社會上自由浮動的社群。道統與政統已兩分，而浮動即意味著某種程度的疏離。同時，由於科舉制廢除而新的職業官僚養成體制缺乏，使政統的常規社會來源枯竭，原處邊緣的各新興社群開始逐漸進據政統；近代軍人、工商業者和職業革命家等新興社群的崛起客觀上促進了知識分

子在中國社會中的日益邊緣化，而身處城鄉之間和精英與大眾之間的邊緣知識分子則相當適應近代中國革命性的社會變動。崇新自然重少，結果出現聽眾的擁護與否決定立說者的地位、老師反向學生靠攏這樣一種特殊的社會權勢再轉移。

近代中國各地區社會變化速度及思想和心態發展不同步現象是我近年主要關注的另一問題。從梁啟超以來，許多人常愛說近代中國士人關懷的重點有經器物到政制再到文化的階段性演變，治史者也多援用之，這大致是不錯的。但具體到個人，這樣的階段性演變或可能僅部分體現，或者全無體現，甚至可能不發生關係。生活在「政制階段」的「社會人」，其思想很可能尚在「器物階段」，或者已進到「文化階段」。且中國幅員遼闊，地緣文化的因素歷來較強，近代全國各地發展尤其不平衡。京、滬和一些口岸或者已到後面的時段，內地則可能尚不同程度地處於前面的時段，或竟在兩時段之間。若必以整齊劃一的階段論去觀察詮釋問題，恐怕恰如陳寅恪所言：「其言論愈有條理系統，則去古人學說之真相愈遠。」[18]

本書討論的山西舉人劉大鵬眼中山西與北京、開封等地在晚清多方面的差異，就從信息傳播和掌握的角度提示了近代中國各地社會變化速度及思想和心態發展不同步這一現象的第一手依據。而這種不同步更造成了從價值觀念到生存競爭方式都差異日顯的兩個「世界」，當時要能夠沿社會階梯上升，已必須按其中之一的「洋世界」的方式競爭。後來的史學研究，恐怕也無形中傳承了許多「洋世界」的關懷：我們關於中國近代史許多耳熟能詳的論斷，在儒生型內地鄉紳劉大鵬所處的「世界」中，或者不同時，或者不同義，則劉氏所處的「世界」也許是今後中國近代史研究更應該注意的面相。[19]

---

18 陳寅恪：《馮友蘭〈中國哲學史〉上冊審查報告》，《金明館叢稿二編》，247頁。
19 原序以下還有一些說明，所涉及的文章已刪出本書，故亦刪去。

鳴謝

本書各文倘僥倖偶有所得，都建立在繼承、借鑒和發展既存研究的基礎之上。由於現行圖書發行方式使窮盡已刊研究成果成為一件非常困難之事，對相關題目的既存論著，個人雖已盡力搜求，難保不無闕漏。另外，因論著多而參閱時間不一，有時看了別人的文章著作，實受影響而自以為是已出者，恐亦難免。故凡屬觀點相近相同，而別處有論著先提及者，其「專利」自屬發表在前者，均請視為個人學術規範不嚴，利用他人成果而未及注明，請讀者和同人見諒。

由於種種原因（比如對篇幅的考慮），本書所收個別文章曾為編輯所刪削，此次已改回原狀，俾文氣稍順。其餘各文除改正錯別字外，均依其發表時狀態，非謂已完善，蓋存之以志修業問學之軌跡也。因各文多相互關聯而有的文章先寫而後發，有些後刊發的文章所討論的主題必須稍顧及前面的史事，文字不免有重複。本次收入時對重複較多處已適當刪削，少數語句段落與該文章之理路關聯緊密，改則只能重寫，故亦仍其舊，敬乞見諒。本書注釋的體例因原發表刊物的規定不同，頗不一致，這次已調整劃一。至於文章中提到在世或不在世的人物是否尊稱先生，也因各刊物規矩不同而不一致，難以全部調整，多依其舊，謹此說明（我個人的傾向是至少對在世人物不書全名時仍稱先生）。

過去史家寫書著文，完稿後總要放些時候，以就正於同人朋友，或期立說者自身修業問學更有進境，然後修改定稿，庶幾可以減少立說的偏頗。但對今日急功近利的學術氛圍而言，這種做法幾乎已成一種「奢侈」。各級學術機構每年都要求報告「成果」，且表格中更多有「社會效益」一欄；對後者實在是力所不能及（史學本非能夠產生出當下「社會效益」的學科），不得已只有如陳寅恪所說的「隨順世

緣」，在前一方面對所供職的機構略作報效。

　　學者個人當然並不能因為有此急功近利的學術氛圍就可以取法乎下，但這種氛圍也有一個好處，就是催逼研究者多下苦功。本書所收的論文，雖然思考和收集資料已有相當長的時間，卻幾乎都是趕著寫趕著發的。不成熟之處，還要請讀者諸君見諒，更請多予指教。現在這樣多學術期刊，也是幾十年前沒有的新條件，刊發出來恰能以文會友，就正於眾多原不相識的同人。本書中有些文章刊發在海外，一些關心同樣課題的大陸同人或許較難看到，自無法批評。故此冒昧收集起來印在這裡，乞教正於同道，期糾謬於將來，斯誠我所望也。

　　本書得以出版與編者王建輝兄十幾年的敦促是分不開的。我與建輝兄在一九八五年的一次學術會議上相識（此前彼此已讀過對方的文章），那時我還只是一個大學助教，建輝兄即邀我與另一位年相若的朋友魏楚雄主編一本有關中美關係史的論文集。後來我與楚雄兄相繼負笈海外，這一文集的編輯工作便長期在通訊中維持，而終於淡化。但建輝兄總是隔一段時間就表示願為我出一本書，這對我當然是一種勉勵，也逐漸成為一種壓力，使我治學不敢鬆懈。我們就書的題材和內容討論過無數次，本書就是這十幾年討論的結果，大約也是佛家所說的緣分吧。十幾年而治學寸進不過如此，不免有負建輝兄長期的厚望，個人甚感愧疚。

　　我願藉此說明編集這本文集的另一緣起：一九九五年我先後在學術會議上結識了桑兵和茅海建兩兄，他們均是中國近代史界的少壯俊材，也是近日已不多見的專意於學術的學人，頗有相見恨晚之感。一次偶然的機會，海建兄得知深圳的海天出版社正推出一套不定期叢書，所出包括論文集（國內出版社最不「與國際接軌」的大概就是只願出「專著」而不肯出論文集），即向叢書主編袁偉時先生（中山大學教授）推薦。袁先生本素不相識，乃就近向桑兵兄諮詢，在聽了二

位敝友的建言並讀了幾篇拙文後，即決定將拙集納入叢書之中。後該叢書因種種原因未能繼續，袁先生又將文稿推薦給另一出版社。雖然結果是全套文稿一去不返，我對袁先生宏揚學術的熱心和獎掖後進的厚意，至今感佩不已！

　　儘管本書所收各文尚不成熟，恐怕會有辱師教，但我仍願意在此衷心感謝成都地質學院子弟小學、成都五中、四川大學、新墨西哥大學、普林斯頓大學各位傳道授業解惑的老師以及這些年來我所私淑的各位老師（這裡不便提及他們的姓名，因為他們中有的曾在我所供職的學校擔任公僕、有的是國內某些學科的開創人和帶頭人，有的是世界大師級學者，寫下他們的姓名或不免有「拉大旗作虎皮」之嫌）。他們在我修業問學的各個階段中都曾給我以熱誠的關懷和第一流的教誨，在我畢業之後繼續為我師表，誨我不倦（其中指導我大學畢業論文的李世平師竟於三年前歸道山，但在撒手仙去前一月仍教我以治學之道），這或許是我比一些同輩學人更為幸運之處吧！本書各文若幸有所獲，悉來自各師的教導。當然，所有謬誤之處，皆由我個人負責。

　　我比一些同輩學人較為幸運的，或者還因為學術交遊稍廣。本書各文在研究期間曾蒙海內外許多認識或未謀面的師友或贈送大作、或熱心代為購置搜求資料書籍，或指點迷津，他們的厚意始終銘刻在我心中。關於史學的方方面面，多年來曾在不同場合與眾多朋友和同道多次討論，受益非淺，本書中有些觀點看法，應即是論學的結果，這是特別要向諸位師友致謝的。臺北《漢學研究》和新竹《清華學報》惠允收入曾刊行在該兩刊的拙文，本書中有些文章的題目更是在與一些刊物（特別是《歷史研究》）的編輯討論中確定的，在此也要對他們深表謝意！

　　我這幾年能夠比較專一地修業問學，有較多時間從事研究，與我所供職的四川大學歷史系各位領導的支持和優容有直接的關係。個人

生性直魯，且因少小失學，修養極差，平日對領導時有不敬。雖非有意為之，仍願藉此向他們致歉。今日大陸任何一個系領導最重的責任大約就是所謂「創收」，敝系領導也難脫此重責。但他們在耽誤了大量自身專業研究時間的同時，卻能儘量為願意投身研究的部屬提供盡可能多的時間和其他方便，身受其益的我對此非常感佩！

中國傳統主張「父母在，不遠遊」，可是我自十六歲以來，就或被動或主動離家遠出，其間雖有約十年居住在同一城市，也只是在週末返家請安而已；二三十年來每次隨侍在父母身邊的時間最長也不過數月（就是在這些時候，其實至今也還是收受父母的關懷，並未真正做到侍奉二字）。這大概是今日推促「競爭」的西化世風使然，父母也一直理解支持，但對個人來說，實是最大的遺憾。

同時，由於文革期間失學十餘年，與我同齡者多爭分奪秒，希望能「挽回」一些逝去的年華。這些年來，內子一直包辦家務（朋輩每說我除薪水外多享受民國讀書人的「待遇」，故對民國士人心態多一層「了解的同情」。這雖然是開玩笑，卻也說明內子對家事的貢獻之大），這當然也就意味著她放緩一些自己業務上的長進。我心裡非常明白，多年來能夠專心問學，家人都有所付出，就連小兒也讓出一些本應和父親一起玩耍的時間。這裡的種種甘苦，的確是只能意會不能言傳的！

一九九八年四月二十八日於四川大學桃林村

新的崇拜：西潮衝擊下近代中國思想權勢的轉移

近代中國以「變」著稱：變得快、變得大、且變化的發生特別頻繁。那時不論思想、社會、還是學術，都呈現一個正統衰落、邊緣上升的大趨勢，處處提示著一種權勢的轉移。而各種變化中最引人注目者，當然還是西潮的衝擊，即晚清人自己愛說的「數千年未有的大變局」。中國士人面臨西潮盪擊，被迫做出反應，從而引出一系列文化、社會、思想、經濟、政治以及軍事的大變化，無疑是近代最重要的權勢轉移。

這並不是說近代中國本身沒有問題。實際上，十七世紀以來中國人口激增，中國傳統政治文化本來重分配的調整甚於生產的發展，較難處置因人口增長帶來的社會問題。此外，清廷尚面臨滿漢矛盾這一更難處理的問題，而傳統的「上下之隔」和「官民之隔」到晚清也已發展到相當嚴重的程度。龔自珍在西潮入侵之前所寫的《尊隱篇》中，已提到中國文化重心由京師向山林的傾移；由於京師不能留有識之士，造成「豪傑益輕量京師，則山中之勢重」的結果。這些都在十九世紀西潮入侵之前或同時，而文化重心的傾移正為外來文化的入據正統提供了條件。

中國士人在西潮盪擊之下被迫做出反應的進程是近代幾個不可迴避的重大主題之一，而中西之間的文化競爭又是中外矛盾的關鍵。西方在文化競爭方面是有備而來，中方則是在競爭過程中才逐步認識到

時人所稱的「學戰」的重要，故在不知不覺中被西方改變了思想方式。中國士人沿著「西學為用」的方向走上了「中學不能為體」的不歸路。文化立足點的失落造成中國人心態的劇變，從自認為世界文化的中心到承認中國文化野蠻，退居世界文化的邊緣，更因多層次的心態緊張步入激進化的軌道。結果，近代中國可以說已失去重心，思想界和整個社會上都形成一股尊西崇新的大潮，可稱作新的崇拜。本文即主要從思想演變層面考察新的崇拜之形成過程。

既存研究一般都同意近代中國士人對西方的認識經歷了一個從器物到政制再到思想文化的過程，也就是逐步認識到中國在這些方面都不如西方。但中國在中西競爭中實際僅在「器物」層面落敗，何以會遞進升級到「政制—文化」層面？從歷代中外競爭看，元、清兩朝異族入主，其失敗之慘烈遠在清季之上，卻甚少有人主張蒙古人或滿人的政制、文化要高於漢人，士人對中國文化的信心仍能保持。而在清季不過在沿海被打敗，就對中國文化信心逐漸喪失。這裡面一個重要原因，就是西人的誘導，故本文首先探討西人怎樣改變中國人的思想方式這一進程。

一　學戰：誰改變誰的思想方式

一般以為，中國在近代因落後而挨打，故思變求變，向西方尋求真理。這一描述大致不錯。但尋求真理必往西方而不在本國，顯然是中國士人在西潮衝擊下信心大失的明證。值得思考的是，屢受西方欺凌的中國人竟會主動向敵人學習，特別是甲午中日戰爭失敗以後，大量的中國學生湧入敵國日本而轉手學習西方，這個現象終究有些不合人之常情。有學者以為，只有文化失敗才可能造成對征服者同時既憎恨又摹仿，不僅自認不如人，而且為了自救而忍受向敵人學習的屈

辱。[1] 這個論點原來是針對殖民地的，對考察中國情形也有啟發意義。中國在近代中西文化競爭中的失敗的確不可謂不明顯，但中國向敵人學習的情形並不能完全以文化失敗來詮釋。在某種程度上，這恐怕也是信心尚存，即確信中學可以為體這一觀念使然（詳後）。

近代中國除一些割地和少量租界外，領土基本得以保持完整（不平等條約固然侵犯了部分中國主權，但基本的主權仍在中國人手中），這個重要因素的意義是多重的。中國的幅員遼闊、人口眾多、文化悠久（這已漸成套話，但在這裡的意義非常實際具體）、中國朝野對外國入侵的持續抵制、以及帝國主義列強之間相互競爭造成的均勢等因素，迫使列強認識到全面的領土掠奪既不合算也不可能。故列強退而採取一種間接的侵略方式，即以條約體系鞏固其非正式控制，同時寄希望於實質上的經濟利益。

從根本上言，帝國主義侵略國與被侵略國之間最關鍵的實質問題是對被侵略地區的全面控制。只要能達到實際的控制，是否直接掠奪領土是次要的。帝國主義侵略所至，總要爭奪被侵略國的文化控制權，這在中國尤其明顯。正因為沒有直接的領土占據，不存在像殖民地那樣的直接政治統治，西方在中國更需要不僅在物質上，而且恐怕更多是在文化上表現其權勢和優越性，希望以文化滲透來為以後的經濟利益鋪路。故在中國，對文化控制的競爭既是手段也是目的。

帝國主義爭奪被侵略國的文化控制權的主要方式，一般是貶低打壓本土文化。但西方雖然力圖在中國取得文化控制，卻不能像在殖民地那樣直接破除中國的本土文化。西方對中國文化的破壞只能是間接的，有時恐怕還要經中國人自己之手。章太炎就注意到西人欲絕中國

1　Cf. Jean Francis Revel, *Without Marx or Jesus* (Garden City, N.Y., 1971), p. 139；關於更普遍意義上的愛憎交加情結（resentment）的新近探討，參見Liah Greenfeld, *Nationalism: Five Roads to Modernity* (Cambridge, Mass., 1992), passim.

種性（實即今日所說的文化）的圖謀和努力，其方法就是先廢中國的「國學」，這一開始就是傳教士鼓動最力。[2] 的確，在這場中西文化競爭中，傳教士恰在最前沿。鄭觀應早就認識到，洋人到中國傳教，是要「服華人之心」。[3] 洛克菲勒的秘書蓋茨（F.T. Gates）在二十世紀初說得更明白：傳教事業的效果即在於「對全世界的和平征服——不是政治控制，而是在商業和製造業、在文學、科學、藝術、情操、道德和宗教各方面的控制。」[4]

就根本的文化競爭而言，西方傳教士在中國的成敗不僅在於使多少中國人皈依基督教，而且在於是否使更加眾多的中國人改變思想方式。在近代中西文化的碰撞、競爭、與相互作用這一動態進程中，傳教士自身也在不斷地轉變和調適，以尋求一種更有效的方式。有時為了實現目的，傳教士也自覺不自覺地採取一些違背其基本教義和價值觀念的手段，如支持使用暴力及運用與宗教頗有矛盾的「科學」作為說服的武器等等。

這些反常的行為提示了近代中西交往中形成的一種特殊關係，即西人在與中國人打交道時不一定要遵從建立在其自身價值觀念基礎之上的西方行為方式。這反映出近代西潮入侵在更深層次上的帝國主義性質（相比之下暴力的使用雖然直接卻不那麼意味深長），同時也凸顯了近代中西關係不平等的文化根源（比有形的不平等條約影響深遠得多）。這種特殊交往方式與西方主流價值觀念的衝突恐怕是越來越多的西人自己後來對此方式也逐漸感到難以接受的根本原因。

2　章太炎：《清美同盟之利病》，湯志鈞編：《章太炎政論選集》，北京：中華書局，1977年，上冊，475頁。本文所說的傳教士，除注明外，均指新教傳教士。

3　鄭觀應：《論傳教》，夏東元編：《鄭觀應集》，上海：上海人民出版社，1982年，上冊，121頁。

4　轉引自 Arthur H. Smith, *China and America To-day* (New York, 1907), p. 236.

　　應該指出，西潮的衝擊既給中國增添了新問題也提供了一些解決中國問題的新思想資源。而中國士人對西潮的因應，也遠比過去認知的更複雜曲折，其中的許多面相過去是注意不夠的。對中國士人來說，正因為西方對中國文化不能直接破除而只能採取間接的滲透方式，中國士人對西方文化的仇視和抵制程度通常較殖民地人為輕。領土主權的基本完整，應該是士人確信中學可以為體的根本基礎。由於不存在殖民地政府的直接壓迫，中國人在面對西方壓力時顯然有更大的回旋餘地、更多的選擇自由，同時也更能去主動接受和採納外來的思想資源。故提倡西學為用的中國知識分子學習西方的願望和實際行動都遠比殖民地人要主動得多。

　　中西之間有一個根本的文化差異：處於文化競爭前沿的西方傳教士的最終目的是在精神上征服全世界，故對於異教徒始終有傳播福音以使其皈依基督教的強烈使命感。但中國儒生對非華夏文化的「夷狄」，則主要是採取「修文德以來之」的方式。若「夷狄」本身無「變夏」的願望，中國儒生一般並不覺得有努力使其「變夏」的責任感，更不用說使命感了。中國傳統行為準則的一個要點即《禮記》所謂「禮聞來學，不聞往教」。要別人先表示了「向學」的願望且肯拜師，然後才鼓勵教誨之。主動向人輸出知識，即是「好為人師」，這樣的行為是不被提倡的。[5]

　　這一準則同樣適用於中外關係。中國對於傾慕華夏文化的「四夷」固表欣賞且予鼓勵，亦可嚮之傳播中國學問。但「夷狄」若不行夏禮而用夷禮，通常亦聽任之。至於對不友善的「夷狄」，更禁止向其輸出中國文化。西潮進入中國既採取了入侵的方式，則中國人之不

5　參見羅志田：《夷夏之辨的開放與封閉》，《中國文化》，第14輯（1996年12月），213-224頁。

欲讓西方傳教士了解中國文化正在情理之中。十九世紀中西接觸之初，不僅中國書籍是嚴禁出口給西人，就是中國語言文字也是不准教授給西人的。因此，西方傳教士遠比中國儒生更熱衷於使對方改變其思想方式。中西文化之爭是以自覺而帶進攻性的西方向防禦性的中國挑戰為開端的，中國士人自覺地認識到這是一場文化競爭，已是在西方發動一系列進攻之後了。

十九世紀之前，不僅中國士人自認中國為世界文化中心，就是十七十八世紀來華之天主教耶穌會士在歐洲造成的印象，也認可中國人是「世界上最文明的民族」。但科技革命和工業革命帶來的發展使西人的自信心與日俱增，故十九世紀來華之新教傳教士對中國文化的看法就遠沒有耶穌會士那樣高，而且隨著其自信心的增強，可以說是與日俱減。在十九世紀三十年代，他們尚認為中國文化典籍至少在量上不僅超過任何非開化民族，而且超過希臘和羅馬。到十九世紀五〇年代，他們只承認中國文化優於周邊國家許多，卻已遠遜於任何基督教國家了。[6]

十九世紀中葉時，中西雙方已都認為自己的文化優於對方。英國傳教士楊格菲（Griffith John, 1831-1912）於一八六九年指出：

難道我們不比他們〔按指中國人〕優越許多嗎？難道我們不是更具男子氣，更有智慧，更有技藝，更通人情，更加文明，不，難道我們不是在每一方面都比他們更高貴嗎？根據我們的

6　*Chinese Repository*（以下簡作 CR），III:8 (Dec. 1834), p. 379; Eliza G. Bridgman, ed., *The Life and Labors of Elijah Coleman Bridgman* (New York, 1864), p. 216；關於耶穌會士和新教傳教士對中國看法的異同，參見Raymond Dawson, *The Chinese Chameleon: An Analysis of European Conceptions of Chinese Civilization* (London, 1967), pp. 35-64, 132-154.

思想方式，答案是肯定的。但根據他們的思想方式，答案是斷
然否定的。而且，要我們改變對此事的看法與要他們改變看法
幾乎是同樣困難的。[7]

因此，中西文化競爭的第一步就是要證明自身的文化優於對方，
而最終還是落實於到底是誰能使對方改變其思想方式。在這方面西人
更具有自我完善性：中國士人既然是競爭中被動的一方，一開始並未
感到有必要證明其文化的優越。且中國人視經典文獻為華夏文化的核
心，而文化典籍的優劣是很難靠自身「證明」的。有備而來的西人則
不然，他們在聲稱其文化優越的同時，尚攜有近代工藝技術為證明的
手段。

在究竟怎樣改變中國人的思想方式、特別是在採用強制還是說服
的手段方面，西人的觀念並不一致，並且一直在演變。主張直接採取
強制手段的大有人在。在一定程度上，強勢本身也是一種說服與證明
的手段，船堅炮利的力量不僅在於其軍事的效率，而且在於其體現船
炮製造者的優越性。英國在鴉片戰爭中有意識地使用當時最先進、也
是英國第一艘鐵甲艦「復仇神號」（the Nemesis），就是要向中國人顯
示其最新的近代技術。這一著顯然達到了目的，「船堅炮利」給中國
人的印象極深，在很長一段時間裡基本上成為中國思想言說中西方
「長技」的代名詞。早期的中西衝突多在沿海，航海和海防恰又是中
國工藝技術最為薄弱之處，乃進一步加強了西強中弱的認知。[8]

---

7 "Griffith John to the London Missionary Society," ca. 1869, in R. Wardlaw Thompson, ed., *Griffith John: The Story of Fifty Years in China* (New York, 1906), p. 254.

8 關於 the Nemesis，參見 Daniel R. Headrick, *The Tools of Empire: Technology and European Imperialism in the Nineteenth Century* (New York, 1981), pp. 43-54；並參見詹森（Marius B. Jansen）為羅茲曼（Gilbert Rozman）主編的《中國的現代化》（南京：江蘇人民出版社，1988年中譯本）所寫的第二章：《國際環境》，特別是41-57頁。

但是，對尚武輕文的中國士人來說，船堅炮利雖然能夠證明西人有「長技」，尚不足以證明西方文化的優越。許多西方人，特別是傳教士，的確也更願意採取和平的直接說服的方式。因為強制只會造成口服心不服，說服才可導致真正的心服。早在鴉片戰爭之前，美國傳教士裨治文（Elijah C. Bridgman, 1801-1861）就已提出：全面的征服意味著「道德、社會、和國民性的轉變」，在這方面教育能產生的效果遠比「迄今為止任何陸海軍事力量、或最興旺的商業之刺激、或所有其他手段聯合起來在特定時間裡所產生的效果」還大得多。[9]

在某種程度上，可以說西方對中國是採取了一種「凡可能說服時皆說服，不得已則強制」的方略。這當然只是一種日後的理想型詮釋模式，並不一定意味著西方事先就預定有這樣清楚的謀略。不同國家不同的人可能根據不同的時勢採取不同的對策。很多時候，強制和說服只是偶然地互補，而非事前預謀。

一般而言，傳教士雖然以征服為目的，其出發點通常是善意的。大多數傳教士的確相信基督教和西方文化的傳播對中國有好處。當其採用和平的說服方式時，這種善意就容易體現出來，也就可能緩解中國士人對西方文化的牴觸。正如胡適在一九二六年對英國人所說：「中國人不能在脅迫下接受一個與其信念相左的新文明。必須有一個說服的過程。」[10] 胡適自己是提倡或贊同某種程度的西化的，但他卻不能接受壓服。

反過來看，和平的說服有時確能造成中國士人對西方文化輸入的

9　Elijah C. Bridgman, "Address at the First Meeting of the Morrison Education Society," CR, V:8 (Dec. 1836), pp. 378-79.

10　胡適日記（本文所用為上海亞東圖書館1939年《藏暉室札記》、中華書局，1985年《胡適的日記》、臺北：遠流出版公司，1989-1990年《胡適的日記（手稿本）》，以下僅注年月日），1926年10月8日。

主動配合（儘管雙方的動機和目的可能是完全相反的）。可以說，西方對中國的文化侵略之所以遠比政治、軍事和經濟的侵略更成功，正是因為傳教士不完全認同於炮艦政策和不平等條約體系，而且其成功的程度基本上與其疏離於炮艦和條約的程度成正比。關於傳教士認同於炮艦政策的一面，過去的中外研究說得已較清楚，這裡只略作處理，以下的討論主要還是側重於傳教士取說服手段的一面。

傳教士之所以能不顧基督教反暴力的基本準則而在中國認同於炮艦政策，主要的原因有三：一是其最終目的是精神征服，二是其西方文化優越觀的支持，三是其對歐洲中世紀尚武精神的無意識傳承。具有弔詭（paradoxical）意義的是，正是傳教士表現出的這種征戰性引導了中國士人對中西文化競爭的自覺認識。當傳教士在十九世紀晚期逐漸走出中世紀餘蔭變得更現代化，也就是更趨於採取和平手段時，受西潮影響的中國士人卻返向前近代的征戰精神，逐漸得出中西文化競爭最終是一場「學戰」的觀念。

由於傳教士的目的是征服，故即便在採用和平說服手段時，仍能暴露其征戰性。一八三四年時，在廣州的西人組織了一個「在華傳播有用知識會」。儘管該會的宗旨是說服，其章程的用語卻充滿了火藥味。該章程將此傳播知識的活動直接稱為一場「戰爭」，並明確指出：本會的目的是要「天朝向智力的大炮屈服，向知識認輸」。半個世紀之後，傳教士李承恩（Nathan J. Plumb, 1843-1899）仍把作為「傳教的工具」的教會學校稱為「轟炸敵人堡壘的工兵和彈藥手」。[11]

有時候，傳教士也直接支持西方對華用武。多數傳教士的確相信他們向中國輸出的知識會對中國有利，但當中國士人對此好意冷淡甚

---

11 "Preamble" of the Society for the Diffusion of Useful Knowledge in China, <u>CR</u>, III:8 (Dec. 1834), p. 380；李承恩語轉引自顧學稼：《華西協合大學的收回教育權運動》，顧學稼等編：《中國教會大學史論叢》，成都：成都科技大學出版社，1994年，329頁。

而抵制時，傳教士的文化優越感使其不能接受這樣的態度。有的傳教士以為，中國人視西方為夷狄的做法是公開違背了「愛你的鄰居如你本人」這條戒律，西方因而有義務「說服」中國人走到更加「符合其權力和義務」的方向上來；如果說服不生效，就必須強制。[12] 換言之，中國人「犯規」在先，西方人也就可以不按其「西方規矩」對待中國人。既然基督教愛鄰如己的準則也可以成為實行強制的基礎，拯救中國人這項使命的火藥味就凸顯出來了。

　　隨著中國人對西方文化滲透抵制的增強，傳教士的耐心也在減少。許多傳教士越來越傾向於支持對華用武。後來在華外國人有一條共認的「常識」：武力是中國人唯一能理解的術語。據美國學者米勒（Stuart C. Miller）研究，許多傳教士不僅贊同這一觀念，而且他們自己在此觀念的形成上也起了重要的作用。[13] 主張學西方的鄭觀應承認傳教士到中國意在「傳教濟人」，但以「救世之婆心」而造成大量教案，既「大失其傳教勸善之本心」，也未必合「上帝之心」。依基督教本義，即使教士因衛道而受辱，也當「如耶穌所云：『披左頰，轉右頰向之可也。』」苟能含忍包容，人心自服，又何必力為較量？」但列強對傳教事業恰是「合舉國之權力以庇之」，一般傳教士也常借條約和炮艦之「力」以壓官民。[14]

　　關鍵在於，以反暴力為宗旨的基督徒之所以能公開支持使用武力而不覺於心不安，其心理依據即在他們堅持歐洲文化優越觀。只有在此基礎上，才可以對「劣等」民族實施不同的準則而不覺違背了自己

---

12 CR III:8 (Dec. 1834), p. 363.

13 參見CR III:9 (Jan. 1835), p. 413; VI:10 (Feb. 1836), p. 446; IX:1 (May 1840), p. 2; Stuart C. Miller, "Ends and Means: Missionary Justification of Force in Nineteenth Century China," in John K. Fairbank ed., *The Missionary Enterprise in China and America* (Cambridge, Mass., 1974), pp. 249-282.

14 鄭觀應：《傳教》（先後兩篇），《鄭觀應集》，上冊，405-412頁。

的價值觀念。這正是典型的帝國主義心態。[15] 自己遊歷過歐西的王韜深有感觸地說：「西人在其國中，無不謙恭和藹誠實謹願，循循然奉公守法；及一至中土，即翻然改其所為，竟有前後如出兩人者。其周旋晉接也，無不傲慢侈肆；其頤指氣使之慨，殊令人不可向邇。……彼以為駕馭中國之人，惟勢力可行耳，否則不吾畏也。」這就是章太炎指出的：這些「始創自由平等於己國之人，即實施最不自由平等於他國之人」。[16]

胡適亦有同感。他在留學期間曾批駁「但論國界，不論是非」的國家主義觀念，認為這實際是一種雙重道德標準，即在國內實行一種標準，在國際又實行另一種標準。這一雙重標準其實是指西方「以為我之國須陵駕他人之國，我之種須陵駕他人之種」。胡適也觀察到：由於實行雙重標準，歐人在國內雖有種種道義準則，卻以為「國與國之間強權即公理耳，所謂『國際大法』四字，即弱肉強食是也。」他在大量英國自由主義經典著作中一一讀出了「自由以勿侵他人之自由為界」的意思，運用於國際關係，就應當「己所不欲，勿施於人。所不欲施諸同國同種之人者，亦勿施諸異國異種之人也。」[17]

落實到傳教事業，胡適以為：西方傳教士到「異端」國家去就是為了教化「化外之人」。所以「當和我們一起時，總帶有傲慢的保護者的高人一等的神態」。這裡的傳教士已經有些「文化帝國主義」的意味了。一九一五年時，胡適曾援用他的「雙重標準」理論，直接指斥傳

---

15 A. E. Campbell, "The Paradox of Imperialism: The American Case," in Wolfgang J. Mommsen and Jurgen Osterhammel, eds., *Imperialism and After: Continuities and Discontinuities* (London, 1986), pp. 33-40, 特別見pp. 35-6.

16 王韜：《弢園文錄外編·傳教下》，北京：中華書局，1959年，66-67頁；章太炎：《五無論》，《章太炎全集》（4），上海：上海人民出版社，1985年，433頁。

17 本段與下段，參見羅志田：《再造文明之夢——胡適傳》，成都：四川人民出版社，1995年，125-142頁。

教士只有在處理國內事務時才稱得上基督徒，一旦進入國際事務，他們都不復是基督徒了。許多基督教國家實際上只認暴力為權威，而置弱小國家的權益於不顧，並將國家獲利、商業所得、和領土掠奪置於公平正義之上。一句話，胡適宣布：「今日的〔西方〕文明不是建立在基督教的愛和正義的理想基礎之上，而是建立在弱肉強食的準則——強權就是公理的準則之上！」這是胡適對西方文明最激烈的攻擊。

另一位留學生楊蔭杭也注意到：西人「凡曾受教育者，皆講求禮儀，言動無所苟。即主人對於僕人有所命令，亦必謙其辭曰『請』。」但「西人有一病：一旦移居東方，則視人如豕。偶不如意，即拳足交下。其意若曰：『此乃苦力國也。毆一苦力，與毆一人類不同。』於是積習成性，居中國益久，離人道益遠。此不特未受教育者為然，即在本國曾受教育者，亦如入鮑魚之肆，久而不覺其臭。」可知「東方」已漸成一染缸，西人到此久居，則被同化。有西人告訴楊氏：「凡久客東方者，歸時多不為國人所歡迎；以其性情暴戾，異於常人也。」[18]

這裡可能有文化差異的作用，楊氏發現：本來最重視禮儀的中國人，「與外人接觸者，往往以言動不中節，為人所輕視。如隨地吐涕、飲食作聲、不剃鬚、不剪爪、大聲猜拳有如鬥毆、爭先買票不依次序，皆中國人之特質。」這些行為部分由於無教育，部分也因「蓬首垢面而談詩書」的舊教育使然。「凡如此類者，西人皆一例視之如『苦力』」。其實所謂「言動不中節」，主要因為中西講究的禮儀習慣有所不同，如今日西人於寂靜之會議場所或講堂，皆可隨時擤鼻涕聲震如雷，許多中國人遇到也會不習慣，而西人並不以為失禮。

---

18 本段與下兩段參見楊蔭杭：《老圃遺文輯》（原文刊1923年5月7日、8日《申報》），武漢：長江文藝出版社，1993年，741-42頁。

　　但近代西人對東方人以「苦力」待之，恐怕主要還是已養成行為習慣。曾獲英國律師資格的伍廷芳，某次「在途與西人爭論。西人掌其頰，破其眼鏡」。伍欲起訴，西人初猶不信，後商之本國律師，知起訴將不利，乃向伍免冠謝曰：「吾以子為苦力也，今而知子乃劍橋人（Cambridge Man）也」，遂以賠償了結。想伍廷芳當不至於「衣冠不整」，而仍受欺凌，說明禮儀習慣的不同尚非主要原因；特別是在了解到伍已有「劍橋人」這一追加的身份認同，又轉以西方方式待之，最足提示「雙重標準」的存在。

　　東方人既然「不與人類齒」，可以對之動武便成自然。傳統中國觀念認為「夷狄」性如犬羊，其一個特徵就是好爭鬥。[19] 如今來華外國人中最和平的一部分傳教士也如此，他們的尚武言行恰支持了中國人視西方為「夷狄」的認知。從某種程度上說，傳教士的這類行為透露出其無意識中傳承了西方中世紀的尚武心態。[20] 在尚文輕武這一點上，可以說中國士人的心態恐怕比一些傳教士更接近近代西方，以西方的標準看，也就是比傳教士更加現代化。

　　到了十九世紀八十年代，在傳教士本身變得更加現代化之後，他們開始能進一步理解中國人尚文輕武的心態。從前傳教士中一些人曾以為武力一項即能攻破中國人的思想防線，如今他們認識到，軍事勝利本身不能帶來完全的征服；中國口岸的開放並不一定意味著中國人思想觀念的開放。鄭觀應曾說，列強對傳教事業「合舉國之權力以庇之」的結果是：「庇之愈甚，而冀傳教之廣播愈難。何則？傳教先貴

19　Lien-sheng Yang, "Historical Notes on the Chinese World Order," in John K. Fairbank, ed., *The Chinese World Order* (Cambridge, Mass., 1968), p. 27

20　關於十九世紀及二十世紀初西方尚武心態是在中世紀封建貴族價值觀念影響之下的論點，參見J.A. Schumpeter, *Imperialism* (Oxford, 1919)；Arno Mayer, *The Persistence of the Old Regime* (New York, 1981).

乎化導，化導在身心，不在乎勢力也。」[21] 鄭氏與西人接觸頗多，這樣的觀念或會傳達給西人。有可能是傳教士在接觸了更多尚文輕武的中國文化之後，才變得更加現代化。他們因而進一步認識到，正是士人集團，而並非像西方的武士或政治家那樣的集團，才是中國的既存權勢中心。[22] 因此，傳教士就更加重視通過說服士人來影響全中國。

極具諷刺性的是，由於西潮的影響，中國士人在同一時期內恰恰經歷了相反的轉變。也許正是領土主權的基本完整帶來的潛存信心，使中國士人輕視了文化競爭的嚴重性，但西人的言行終使中國人逐步認識到這場學戰的存在。越來越多的中國士人在吸收了較多的西方意識、包括前近代的尚武意識之後，為中國已喪失了古已有之的尚武精神而後悔。他們一面批判這個不應發生的失落，同時更大力鼓吹恢復和培養此種精神。梁啟超和蔡元培就是尚武精神和軍國民主義的大力提倡者。略年輕些的一輩，從魯迅到熊十力這樣的文人，或入軍校學習，或直接從軍，多半都受此尚武心態的影響。正因為出現這樣一種心態的轉變，中國士人，特別是年輕一代，逐漸得出中西文化競爭最終是一場「學戰」的觀念，他們因而更自覺地重視起這場文化競爭。[23]

因此，到十九世紀後期，中西雙方都有意識地更加重視文化競爭。但總的趨勢是傳教士變得越來越重文而中國士人越來越尚武，或可說是傳教士變得更加現代化而中國士人更加前現代化。雖然如此，傳教士疏離於武力這一點的確有助於緩和中國士人在文化競爭中的抵

---

21 鄭觀應：《傳教》（後篇），《鄭觀應集》，上冊，410頁。

22 Miller, "Ends and Means," p. 250；顧長聲：《傳教士與近代中國》，上海：上海人民出版社，1981年，57頁。

23 關於學戰觀念的起源，參見王爾敏：《中國近代思想史論》，臺北：商務印書館，1995年，244-247頁。

制情緒。而且，儘管傳教士疏離於炮艦政策和尚武心態是十九世紀晚期的事，其主張取說服的手段卻是從一開始就存在的。

新教傳教士在探索怎樣才能最有效地在中國傳播福音是頗費周折的。其首先要克服的，就是基督教教義、流派、及其傳播方式等自身的問題。更難應付的，則是中西文化差異引起的誤解。同時，他們也面臨著選擇何種方式來說服哪些中國人的問題。

傳教士在中國首先面臨的困難，就是基督教的排他性問題。中國以前並不存在像基督教那樣從思想到組織有嚴格系統的宗教。早年傳入的佛教是多神而不爭的，且佛教與道教據山林而居以待信徒的方式頗合「有來學無往教」的中國傳統。但基督教卻是一神獨尊且嚴格排他的。正因為如此，基督教新舊教的區分、其在華傳教士的相互攻擊排斥，特別是互指對方不是真正的基督教一點，就給中國士人以極大的混淆。即使是思想最開放的士人，也難以弄清何者尊奉的是真神，那些排斥異端的士人更據此以為兩者皆非純正。基督教本身的立足點已不穩，遑論以其教義來說服中國士人了。[24]

因此，許多新教傳教士意識到，為了「拯救中國人的靈魂」，他們必須採用俗世的手段。可是這一點在傳教士中立刻引起新的問題。本來俗世與天國之間的緊張就是每個傳教士必須面對又難以解決的問題，傳教士應該是奉獻給天國的，可是他們都生活在俗世，且必須在俗世開展其工作。傳教界歷來有很強的傾向，主張傳教士應集中於拯救靈魂的基本任務，而不是在非基督教的異端國家裡創造一個世俗的西方式社會。[25] 但是在中國，一部分傳教士發展出一種更為廣義的傳

---

24 參見Herbert Giles, *Confucianism and Its Rivals* (London, 1915), p. 259；呂實強：《中國官紳反教的原因》，臺北中研院近史所，1966年，45-53頁。

25 有關美國傳教界的這種傾向，參見Arthur Schlesinger, "The Missionary Enterprise and Theories of Imperialism," in Fairbank, ed., *Missionary Enterprise in China*, pp. 350-352.

教觀，他們注重俗世絕不亞於天國。

　　裨治文很早就批判在華教團只重口頭布道而甚少從事書面宣傳，即使寫作時也只局限於宣傳福音。他強調，在中國推廣世俗知識可以有助於傳教事業。[26] 李提摩太（Timothy Richard, 1845-1919）以為，拯救中國人的靈魂很難與拯救其肉體區別開來。李氏的目的是要通過「更好的宗教、科學、交通方式和國際關係，以及設立近代學校，建立近代新聞出版業，及建設新的工業和製造業」來推動中國進步。此話頗能代表這些傳教士的觀念，簡言之，他們正是要在中國建立一個西方式的社會。[27]

　　這部分傳教士在整個在華傳教團體中實居少數，但其對中國士人的影響則似大於多數。因為他們有意偏重於在成年讀書人中擴大影響，這一點與大多數新教傳教士側重於青少年教育又不一樣。裨治文提倡寫作重於口頭布道，已暗示了這個傾向。蓋口頭布道人人可聽，寫出來的東西則只有讀書人才能看。這個取向與中國士人重「眼學」輕「耳學」的觀念暗合，也有助於擴大其影響。在某種程度上，這種自上而下通過影響四民之首的士人來扭轉全民族思想的取向，是對新教面向基層之個人對個人的常規福音傳播方式的革新。但這一取向在新教傳教士群體中是有爭議的，因為這恰恰是舊教耶穌會士以前在中國用過的方法。只是到了二十世紀，這一取向才成為在華新教傳教界的主流。[28]

26　CR I:1(Mar. 1833), p. 457.

27　Timothy Richard, *Forty-five Years in China* (New York, 1916), pp. 7-8. 美國傳教士林樂知（Young J. Allen, 1836-1907）也是這些傳教士中的一個，參見Adrian A. Bennett and Kwang-ching Liu, "Christianity and the Chinese Idiom: Young J. Allen and the Early *Chiao-hui hsin-pao*, 1868-1870," in Fairbank, ed., *Missionary Enterprise in China*, pp. 159-196；陳絳：《林樂知與〈中國教會新報〉》，《歷史研究》，1986年4期。

28　參見Paul R. Bohr, *Famine in China and the Missionary: Timothy Richard as Relief*

　　實際上，這種注目於士人的取向一開始並不很成功。孟子說：「人之患在好為人師」；有來學無往教的傳統使中國士人懷疑任何主動來傳教的人是否有真學問。昔時中國讀書人即使低如塾師，也須有人請，而且是坐館授徒，大學問家更不致走方授學。故傳教士的主動傳教，不論是走向街頭還是走向書院，尚未開口已自降身份，士人自不屑與之交往。早年傳教士被中國人稱作「講古鬼」[29]，恰揭示出其不過被視為走方講古的江湖藝人一類，其身份正在社會最低一流。

　　這樣一種輕視傳教士的認知也常為傳教士自身的舉動所強化。由於傳教士最終關懷的是天國，他們對中國民間宗教極為重視。不論信何種教，信教者總是比不信教者更關心彼世。許多傳教士或將中國各宗教信仰視為競爭對手，或將其視為潛在的合作者。來華新教傳教士先驅者之一的郭士立（Charles Gutzlaff, 1803-1851）即視龍王為中國人崇拜的象徵，因而也是基督的主要競爭對手。他曾衷心希望，而且確信，總有一天「龍王會被褫奪王冠，而基督則被尊為全中國唯一之王和崇拜的唯一對象。」[30]

　　其他一些傳教士則相當注意閱讀佛教道教文獻。李提摩太即曾下大力研讀一些佛教道教經書，希望能藉此幫助他與中國士人的溝通。但在那時，懂得一些佛道教知識最多只能有助於與大眾的交往。而對於正統儒士來說，恐怕適得其反。只是到了十九世紀末二十世紀初，佛經才逐漸受到士人的關注，其部分原因就是希望能從中找出可以對

Administrator and Advocate of National Reform, 1876-1884 (Cambridge, Mass., 1972), pp. 7-8; 樂靈生（Frank Rawlinson）:《近二十年來中國基督教運動的改革與進步》，司德敷主編：《中華歸主》，中譯新版，中國社會科學出版社，1985年，上冊，104頁。

29　CR IV:8(Dec. 1835), p. 356.

30　Charles Gutzlaff, "Journal of a Voyage Along the Coast of China," CR I:4(Aug. 1832), p. 139.

抗西學的思想資源。在那之前，多數正統儒生根本不屑談佛道之經書。[31]

傳教士的上述作為不啻是自居異端。故儘管有條約的保護，傳教士與中國士人的交往直到十九二十世紀之交始終有限。李鴻章在一八八〇年即曾告訴李提摩太：許多鄉民固然因物質原因皈依基督教，士人中卻無一信教者。此話雖未免失之過偏，但大體表達了當時的情形。二十多年後，梁啟超仍認為「耶教之入我國數百年矣，而上流人士從之者稀」。[32]

與士人相反，民間的反抗朝廷者則常常認同於傳教士或將傳教士視為盟友。太平天國以其簡化改造的基督教為官方宗教只是一個顯例。類似的情形在太平天國前後都有。早在一八三四年，福建一個企圖起事者就向美國傳教士雅稗理（David Abeel, 1804-1846）建議聯合造反。在太平天國之後，山東一夥起事者也曾要求李提摩太作他們的首領。周錫瑞（Joseph W. Esherick）關於義和團運動的起源一書更詳細揭示了十九世紀末山東起事者與傳教士的頻繁接觸。[33] 所有這些都表明，傳教士的行為的確使許多人把基督教視為類似白蓮教、八卦教一類的異端。

因此，儘管這些傳教士傾向於走自上而下之路，文化差異使他們實際上更多是走向了下層。他們雖然找到了正確的目標，仍需要找到更合適的手段。對新教傳教士來說，學習耶穌會士以接近中國士人的

---

31 Richard, *Forty-five Years in China*, p. 86.

32 Richard, *Forty-five Years in China*, pp. 151, 48；梁啟超：《保教非所以尊孔論》（1902年），《飲冰室合集·文集之九》，北京：中華書局，1989年，53頁。

33 Abeel Diary, Dec. 30, 1843, printed in <u>CR</u> XII:1(May. 1844), p. 235; Richard, *Forty-five Years in China*, p. 100; 周錫瑞：《義和團運動的起源》，南京：江蘇人民出版社，1994年中譯本；李恩涵：《咸豐年間反基督教的言論》，《清華學報》（新竹），卷六，第1-2期（1967年12月），55-60頁。

方式來傳播福音不僅是有爭議的，而且是很難掌握的。與此同時，一些傳教士發現還是其本土的某些工具似乎更易於掌握，且效果亦好些。科學即是這樣一種工具。

西方自身在近代也經歷了巨大的社會、政治和心態轉變。在諸多變化中，科學的興起是最重要的變化之一。儘管科學在西方仍有某種爭議，但將其視為西方文明的一項成就這樣一種傾向越來越強。到十九世紀初科學已被認為是「人類知識的一個主要類型及一種主要的文化體系」。[34] 不過，這仍是一個發展中的過程。到一八三一年，英國還專門成立了一個推進科學協會以促進推廣科學的發展。直到一八四七年左右，現在所用的「科學家」（scientist）一詞才成為對那些研究自然者的專門稱謂。在此之前，一般是將他們稱作「自然哲學家」。[35] 拉法格認為這個詞的最後確定還要晚，大概受惠於法國大革命。他在一八九四年時說：英國人一向對怎樣稱呼從事科學的人感到為難，「最近他們採用了法國詞 savant，並且造了個新詞：scientist」。[36]

傳教士當然受到其母國發展的影響。有時候，身處異國反而更容易看到母國的長處。傳教士在十九世紀初已開始認識到科學可以用來為傳教服務。但是，在科學被選中成為傳播福音的手段後，傳教士就必須面對科學與基督教之間的先天緊張。同樣，傳教士仍須處理因文化差異引起的對科學的不同認知的問題。在這些方面，傳教士的成功都是有限的，但他們倒底播下了種子。

正因為科學的興起還是一個發展中的進程，有些傳教士也是到了

---

34 Cf. John Roberts, *Revolution and Improvement: The Western World 1775-1847* (Berkeley, Calif., 1967), pp. 219-233, 引文在p. 219。

35 Neil Postman, *Thchnopoly: The Surrender of Culture to Technology* (New York, 1992), p. 147; Roberts, *Revolution and Improvement*, p. 219.

36 拉法格：《革命前後的法國語言》，中譯本，北京：商務印書館，1964年，56頁。

中國之後才認識到科學的力量。換言之，以科學為傳教工具是根據傳教現場的經歷得出的見解。因此，許多傳教士在來華之前並未接受多少科學的訓練。李提摩太就是到中國多年後才理解到科學的重要，他在一八七〇年代後期在中國以自修方式重新學習了西方文明，那時他才意識到正是在「科學」之上西方文明勝過了中國文明。實際上，李提摩太的基本科學知識也是在中國自修得來的。[37]

不過，傳教士必須先處理科學與基督教之間的緊張問題。最好的解決方法是將科學與上帝聯繫起來。裨治文明白，如果說兩者在西方頗有衝突的話，在中國它們只會「相互支援」。李提摩太以為，研習科學應採取與研習宗教同樣的虔敬態度，因為科學處理的正是「上帝之律」。狄考文（Calvin W. Mateer, 1836-1908）認為科學知識正是「上帝賦予教會打開異教邪說大門的工具」。遠在美國，極有影響的斯特朗（Josiah Strong）將科學技術視為上帝在近代的「新預言」，輕易地舒解了兩者間的緊張。[38]

一旦傳教士認識到科學的力量，他們立即將其運用起來。許多傳教士受啟蒙時代信條「知識就是力量」的影響，他們像美國傳教士林樂知一樣希望科學可以「以一種寧靜的方式」改變中國人的思想。在乾嘉考據學影響下的中國士人論事極重證據，林樂知對此深有體會。[39]傳教士正是希望以西方科學成就為據來證明基督教國家文化的優越。用一句在華傳教士常用的話來說：「科學是基督教的侍女。」早在一八一九年，新教傳教士先驅米憐（William Milne, 1785-1822）就已說

---

37 Richard, *Forty-five Years in China*, pp. 158-161.

38 CR I:11(Mar. 1833), p. 457; Richard, *Forty-five Years in China*, pp. 159-160; 狄考文語轉引自史靜寰：《近代西方傳教士在華教育活動的專業化》，《歷史研究》，1989年6期，31頁；Josiah Strong, *The New Era of the Coming Kingdom* (New York, 1893), p. 13, 轉引自Schlesinger, "The Missionary Enterprise," p. 363。

39 參見Bennett and Liu, "Christianity and the Chinese Idiom," pp. 166-168.

過：「知識和科學都是宗教〔按指基督教〕的侍女。」此後直到二十世紀，類似的表述不斷為在華傳教士所重申。[40]

對傳教士來說，在中國引進科學有兩層作用。首先，如郭士立在一八三三年所說，這可以向中國人表明「我們確實不是什麼『夷狄』，並……說服中國人他們還有很多東西要〔向我們〕學。」[41] 這是證明西方文化優越的第一步。其次，如林樂知在一八六六年所說，引進科學的特別價值在於可以「根絕和摧毀他們對自己關於世界和自然理念的信心。」[42] 只有這樣才有可能根本改變中國人的思想方式。

林樂知本人就曾長期在學校中和家裡為他的中國學生和朋友演示化學和電學實驗。他的方法是先講述事物的基本準則，然後以實驗證明之。林氏希望藉此可以說服中國人，使其知道他們「許多迷信思想的愚蠢和謬誤」。他曾向其中國學生表演煤氣點燈，成功地使他們「目瞪口呆」。但是他要將科學用來支持基督教教義的努力卻基本未能成功。[43]

李提摩太也一直試圖使中國官員和士人對「科學的奇跡」產生興趣，他希望這樣或能促使他們運用科學以造福中國人。但李氏的目的與林樂知的一樣，並不限於在中國推廣科學技術。他總是將他演示出的科學的力量與上帝連在一起。從一八八一年到一八八三年間，李氏堅持每月向中國士大夫演講各式各樣的「奇跡」。他用以形容其聽眾觀眾反應的最常用字眼是「震驚」。李氏發現，中國士大夫覺得「近

---

40 米憐的話引在CR II:5(Sept. 1833), p. 235, 又見CR II:4(Aug. 1833), p. 187; William W. Cadbury, *At the Point of a Lancet: One Hundred Years of the Canton Hospital, 1835-1935* (Shanghai, 1935), pp. 28-29.

41 CR II:4(Aug. 1833), p. 187.

42 Allen to E.W. Sehon, Dec. 7, 1866, cited in Bennett and Liu, "Christianity and the Chinese Idiom," p. 165.

43 Bennett and Liu, "Christianity and the Chinese Idiom," pp. 166-167.

代科學的魔力遠超過所有其他魔法」。[44]

　　林樂知其實知道，相信宗教奇跡的時代已過去了。但他確信，在中國，「如果將科學有技巧地演示出來」，則其功用幾乎可像宗教奇跡一樣「奇妙而戰無不勝」。[45] 林樂知的見解揭示了科學在當時中國傳教界恰扮演著「宗教奇跡」在西方的社會角色。正是因為這些科學演示充滿了奇跡、魔力、震驚和目瞪口呆一類效果，傳教士自己再次無意中認同於江湖藝人和風水先生一流。雖然中國士人實際上多少都相信一些風水，但風水先生作為一個社群的社會地位並不比江湖藝人高。具有諷刺意味的是，李提摩太自認他向中國人傳播科學的目的之一就是消除他們對風水的迷信，他本人卻曾被中國人請去看過風水。這個例子說明確有中國人將傳教士視為風水先生一流。[46]

　　由此看來，傳教士以科學為工具傳播福音的努力並不很成功。但像林樂知和李提摩太這樣一些傳教士也的確相信採用近代科學技術本身對中國有好處，他們這樣一種善意的動機使得其觀念較易於為中國士人所接受。其次，當科學不只是作為表演，而是與輪船、鐵路、電報等近代技術產物相連時，其說服力就大大加強了。在林樂知告訴中國士人科學正是西方「富強」的基礎時，他就搔著了當時中國士人的癢處。[47] 近代中國士人的心態早已在變，富強本非儒家強調的國家目標。中國士人既因屢挫於西方和日本而大談國家富強，實已轉向西方的價值系統。雖然不免有些躊躇遲疑，中國士人終於逐漸趨向林樂知和其他傳教士指給他們的方向——尋求富強。

44　Richard, *Forty-five Years in China*, pp. 158, 160-163.

45　Allen's Diary, Apr. 13, 1864, cited in Bennett and Liu, "Christianity and the Chinese Idiom," p. 165.

46　Richard, *Forty-five Years in China*, pp. 123, 80-81.

47　Bennett and Liu, "Christianity and the Chinese Idiom," p. 194.

　　另外，雖然許多傳教士總是強調科學技術是西方文明的一個組成部分，也有一些像狄考文一樣的傳教士卻主張：人和國家可以有特定的認同，學問卻應是普世性的，誰能掌握就屬於誰。狄考文很清楚，許多中國人就因為科學技術是外來學問而在學習它們時不免有羞恥之感。[48] 他的觀點顯然有助於舒緩中國士人學習科學的遲疑感。到後來，這樣一種學問超越文化的觀點成為尊西中國士人既可學習西方而同時又能保持自身心態平衡的最重要理論支點。

　　當然，中國士人對科學的接受是有一較長過程的。傳統中國士人向來是主張學與術分的，起初，中國士人雖承認西方有「長技」，也曾降節提出「師夷之長技以制夷」，但那還只是「術」，很少有人將「夷之長技」視為更高的「學」。一旦中國士人開始學習「夷狄」之長技，試圖「盡其中之秘」時，他們很快發現在此長技背後還隱伏著系統的科學理論知識。科學的確如林樂知所說是「寧靜地」起作用。只要中國人在學西方長技的方向上邁出第一步，他們就像郭士立所期望的那樣，確實發現有很多東西要向西方學習。很快，「西學」這個專門詞彙就出現在中國士人的思想言說之中。

　　同樣，郭士立的另一希望也迅速實現了。學習西人的長技是走向承認西方與中國平等的第一步，承認西方不僅有長技而且有學問則意味著中國士人在內心中已認為中西完全平等。當中國士人對西學的態度進而從承認轉為傾慕時，他們對科學的認知也相應轉變了。同時，也許因為科學確實比其他部分的西學更加具有普世性，科學很快就成為西學中最受中國士人歡迎的一部分。從清季到今天，絕大多數西方學說和概念在中國都曾受到不同程度的挑戰或批判，唯獨科學（作為

48　《萬國公報》，卷十四（1881-1882），29頁，轉引自王樹槐：《外人與戊戌變法》，臺北中研院近史所，1965年，21頁。

一種象徵）仍像不倒翁一樣始終屹立在那裡（今日朝野都還在大聲疾呼尊重科學，提示著仍是象徵過於實際）。

與此同時，中國士人既然在內心中承認西方為平等，則中國過去成功的秘訣在其學問典籍之中這樣一種傳統認知就自然延伸到西方身上。於是對西學典籍的需求立刻大增。當傳教士最後集中於利用出版物來影響中國士人時，其以前努力傳播科學的效果即開始凸顯出來。西學本身也跨越中西認同的緊張（tension），獲得了一個更具普世性的名稱——新學。一旦不存在認同問題，西學在中國的傳播便如翻江倒海，形成一股巨瀾。

早年裨治文主張重視寫作勝於口頭宣教時，他只是與中國士人重眼學輕耳學的傾向暗合。半個世紀之後，狄考文才有意識地注意到中國士人治學的這一趨向。[49] 的確，在華教會在利用出版物方面進展並不算快。雖然像林樂知和李提摩太這樣的一些傳教士一直重視新聞及出版事業，但教會出版物的數量和傳播範圍仍然有限。到十九世紀八十年代李提摩太仍在警告：「我們尚未認識到文獻典籍的巨大重要性」。[50]

一八九一年李提摩太被任命為經費充足的廣學會的書記，教會出版事業算是找到了合適的人選。而且這任命適逢其會：一是如前所述，傳教士到此時已更加重視對中國士人的影響；二是傳教士本身的現代化使其逐步疏離於炮艦政策而採和平說服取向，故中國士人的反感減輕；三是更多的中國士人已開始主動尋求西學書籍。十九世紀最後十年間廣學會的出版物劇增，而且傳播範圍也遍及全國。[51] 「新學」在中國成為顯學、士人競相趨從後，傳教士要改變中國人思想方

---

49 王樹槐：《外人與戊戌變法》，21頁。

50 轉引自 B. Reeve, *Timothy Richard, D.D.* (London, 1912), p. 81.

51 參見顧長聲：《傳教士與近代中國》，158-60頁。

式的目標很快得以實現。

具有弔詭意味的是，到中國士人自辦的刊物和自譯的西書漸漸普及時，傳教士在中國新聞出版業的作用就已趨於「完成」，遂漸漸退居邊緣地位。一旦中國士人自己越來越多地承擔起傳播西學的任務，傳教士的影響立刻式微。西學在中國能形成大潮，傳教士起了最主要的作用。但這股大潮卻反過來把始作俑者推到邊緣的地位，這個結局大約是傳教士沒有預料到的。二十世紀的傳教士在文化事業中已側重於辦學，特別是辦大學。正如《外交報》一九〇八年一篇名為《申論外人謀我教育權之可畏》的文章說：庚子以後，在華西方教會「所心營目注，專以教育為當務之急」。[52] 這一方面是因為轉向尊西的中國社會對此需求大增，但多少也因教會在新聞出版業已漸難立足這一因素使然。

傳播西學的角色既然已逐漸由中國士人自己承擔起來，西方對中國的文化滲透實已得到中國人的主動配合。當然，中國配合者自己通常並未意識到他們所起的這種作用。他們學習西方的目的，還不僅是要生存，而是要使中國富強並最終凌駕於西方之上（詳後）。如前所述，富強本不為儒家所強調，尋求富強正是在西潮影響下產生的國家目標。

中國傳統本崇讓不崇爭。《春秋穀梁傳》（定公元年）說：「人之所以為人者，讓也。」老子主張「不爭」，墨子講究「不鬥」，思路相近。許多人心裡未必真喜歡讓，但表面上仍不得不崇之，蓋世風使然也。這正是赫胥黎所強調而為嚴復相對忽視的後天倫理作用。西潮入侵後，國人由重理轉而重力。過去受壓抑的法家耕戰思想被重新「發

---

52 轉引自楊天宏：《基督教與近代中國》，成都：四川人民出版社，1994年，101頁，並參見同書102-103頁。

現」，進而引發出商戰以至學戰思想[53]，「爭」的意識漸具正面價值。故爭的觀念因西潮而顯，亦由西潮為之正名。美國史學家史景遷（Jonathan D. Spence）在其關於中國近代的近著封面上以中文大書一「爭」字，蓋有所得焉。[54] 尚爭而不尚讓，是中國近代與前近代的一個重要區別。

甲午兵戰失敗，士人紛紛尋因。重力尚爭的傾向已為嚴復版的進化論準備了風行的語境，只是還缺乏系統的表達。嚴復譯述的《天演論》一出，簡明而系統化，人皆以為言其所欲言。特別是嚴復把西方進化論化約為「物競天擇，優勝劣敗，適者生存」的簡單公式，最容易說服已經重力尚爭且正在尋求答案的許多尊西中國士人。《天演論》能風行於世，正在其不僅解答了中國何以敗——因劣，而且提出了解決的路徑——即爭。國人已先有爭的意識在，此論自能不脛而走。

有此理論，強力就成了最好的說服手段。一旦勝者是因為其文化優越這樣一種觀念在士人心中樹立起來，失敗者的傳統自然像粉一般碎了。既然中國屢被戰敗，則其文化必然低劣。中國人以前是不以成敗論英雄的，因為中國歷史上兩個從人變成神的關羽和岳飛以及一個半人半神的諸葛亮都不能算是成功者。[55] 如今則承認敗即是劣，可知其價值觀念已完全轉到西方一邊了。西方在改變中國人思想方式一點上已基本成功。

---

53 參見王爾敏：《中國近代思想史論》，244-47頁。

54 Jonathan D. Spence, *The Search for Modern China* (New York, 1990).

55 傅斯年曾以明成祖為例說「如果中國人是個崇拜英雄的民族，則他的豐功偉烈，確有可以崇拜處，他是中國惟一的皇帝能跑到漠北去打仗的。但中國人並不是個英雄崇拜的民族，而明成祖的行為又極不合儒家的倫理」，故士人皆不說成祖好。他並指出，不崇拜英雄「這個心理有好有壞。約略說，難於組織，是其短處；難於上當，是其長處」。傅斯年：《史學方法導論·史料論略》（1929年），《傅斯年全集》，臺北：聯經出版公司，1980年，第2冊，375頁。

　　中國士人既然已主動學習西方，西方文化優越觀的確立就只是時間問題了。從「夷務」到「洋務」再到「時務」，由貶義的「夷」到平等的「西」再到尊崇的「泰西」，西方在中國人思想中的地位步步上升。自太平天國以還，出將入相影響朝政最大的幾位漢臣如曾國藩、李鴻章、張之洞，以及後來的維新變法諸人，均是在往西走的方向上，而且越走越遠。如此流風所播，晚清的大趨勢正如黃遠庸所見：「喬木世臣、篤故舊紳，亦相率襲取口頭皮毛，求見容悅」。[56]

　　一八九一年時，康有為已發現當時士人「稍知西學，則尊奉太過，而化為西人」。[57] 到一八九八年，熱心傳教事業的立德（Archibald Little, 1838-1908）肯定地寫道：「西方思想方式〔在中國〕取得控制地位的日子一定會來到」。[58] 若比較立德的滿懷信心與一八六九年時楊格菲的猶疑，中國思想界的變化之大尤可見一斑。再到二十世紀初，國粹學派的鄧實已形容當時知識界的風氣是「尊西人若帝天，視西籍若神聖。」故余英時先生判定：「西方理論代表普遍真理的觀念」在一九〇五至一九一一年間已「深深地植根於中國知識分子的心中」了。[59]

二　從西學為用到中學不能為體

　　中國人既已承認自己文化低劣，則為了自救，除了學習西方之外別無選擇。這一取向中最為中國士人所能接受的口號即是「中學為

---

56 黃遠庸：《新舊思想之衝突》，收在《黃遠生遺著》，臺北：文海出版社影印上海1938年增訂本，卷一，120頁。

57 轉引自王汎森：《古史辯運動的興起：一個思想史的分析》，臺北：允晨出版公司，1987年，177頁。

58 Archibald Little, *Gleanings From Fifty Years in China* (London, 1910), p. 37.

59 余英時：《中國知識分子的邊緣化》，《二十一世紀》（香港），第6期（1991年8月），23頁，鄧實的話也轉引自同頁。

體，西學為用」。馮桂芬大約可以說是「中學為體，西學為用」的始作俑者。馮主張為了攘夷，不妨先降格師事西人。為此，馮將西方文化區分為禮和器兩種不同類型。器可用而禮不必學。其要在「以中國之倫常名教為原本，輔以諸國富強之術」，故馮實開了後來的「中學為體，西學為用」之先河。[60]

不過，馮氏一書所作雖早，流傳卻晚。早年僅以抄本傳，至十九世紀八十年代始有刻本。到十九世紀九十年代，「中學為體，西學為用」基本已成時人共識。一八九一年，康有為即主張「必有宋學義理之體，而講西學政義之用，然後收其用也。」[61] 次年，鄭觀應也明言「中學其本也，西學其末也」。到一八九六年，梁啟超指出：「舍西學而言中學者，其中學必為無用；舍中學而言西學者，其西學必為無本，無用無本，皆不足以治天下。」兩年之後，張之洞在《勸學篇》中整合諸家之說，系統表述了「舊學為體，新學為用，不使偏廢」的觀念。[62]

過去講到「中學為體，西學為用」時，通常傾向於將其說成是為了維護綱常名教。其實若細察時人之意，恐怕其目的和重心都在「西學為用」之上。而且，不僅梁啟超、張之洞等人如此；清季趨新人士注意到，就是那些以西學比附中學之人，許多也是為了「投合吾國好古之心，而翼其說之行」。[63] 主張變法之人，原不過要學習西方，並無廢棄中學之意。惟守舊之人對此不甚了解，張之洞將體用之關係講

---

60 馮桂芬：《校邠廬抗議·採西學議、制洋器議》，臺北：文海出版社影印，1897年聚豐坊刻本，67-74頁。

61 轉引自王汎森：《古史辨運動的興起》，177頁。

62 各家說法皆轉引自余英時：《中國思想傳統的現代詮釋》，臺北：聯經出版公司，1987年，522頁。丁偉志、陳崧的《中體西用之間》（中國社會科學出版社，1995年）對「中體西用」觀念的淵源流變有詳細的研究，參見139-173頁。

63 攻法子：《敬告我鄉人》，《浙江潮》，二（1903年3月），張枬、王忍之編：《辛亥革命前十年間時論選集》，卷一下，北京：生活·讀書·新知三聯書店，1960年，500頁。

明，正可釋反對派之心結。實際上，如果沒有學習西方的時代需要，「中學為體」恐怕根本就不會成為士人所考慮的問題。也就是說，在中體西用這一體系之中，中體雖置於西用之前；但從其產生的歷史看，中體實在西用之後。

具體言之，《勸學篇》中講「西學為用」的篇幅即多於講「中學為體」者。張氏並在序中明言，中學也以「致用為要」。可知全篇都重在一個「用」字上。再參之以一九〇二年張之洞與劉坤一合奏的「變法三疏」，其目的和重心就昭然若揭了。言用而必言西，實已暗示中學至少在當下已無多大用處。更重要的是，張氏又發揮其旨意說，如今言西學，「西藝非要，西政為要」，在往西走的路上又進了一大步。中學既以致用為要，西學復以西政為要，則中體西用這一體系之中的「中體」實已被「西用」挖了牆腳。張氏所欲堅持者，唯中國文化之基本價值觀念也。其餘一切，大約均可不同程度地「西化」。

問題在於，西政恰是建立在西方的基本價值觀念之上的。要將其用之於中國而又要不改變中國的基本價值觀念，這是一個極難處理的問題。嚴復已看到了這一點，他在一九〇二年駁斥「中體西用」這一提法時指出：「中學有中學之體用，西學有西學之體用；分之則並立，合之則兩亡。」[64] 嚴復此時之意，已接近後來的「全盤西化」說，此不詳論。從根本上看，這是一個文化體系究竟是否可分的問題。

從魏源到梁啟超那許多中國士人都傾向於認為文化體系是可分的，故有可能接受或採納異文化的某些部分併整合進自己的文化之中。從魏源提出「師夷之長技以制夷」以來，許多中國士人一直在尋找一個中西文化之間的會接點。「中學為體，西學為用」正是這一觀念的典型表達。而且，文化可分論也是中國士人藉以避開認同問題的

---

64 《嚴復集》，北京：中華書局，1986年，第3冊，558-559頁。

實際理論依據。中國士人可以接受許多西方學理而不覺十分於心不安，仍能保持其中國認同，就是有文化可分論作基礎。清季士人講西學源出中國也好，講中體西用也好，多半都是在保持中國認同的基礎上，為引進西方文化找依據。

中國士人敢於將「中體西用」的重心放在後者之上，是基於中學可以為體的信念。但由於未能認識到文化競爭的嚴重性，就順著「西學為用」的路徑走入了西方的思想方式。蓋十九世紀的西方傳教士基本是主張文化體系是完整不可分的（這當然與基督教一神獨尊的排他性相關聯，後來主張保留中國文化傳統的西人也多半不是傳教士）。他們以為，對異文化要麼整體接受，要麼全盤拒斥，沒有什麼中間立場。即其所謂：「欲求吾道之興，必先求彼教之毀。」[65] 因此，對中國士人來說，學習西方頗有點不歸路的意味。

以今日的後見之明來看，近代中國人學西方真可說是「邯鄲學步，反失其故」。而之所以失了自己的「故」，原因固然甚多，但其中一個重要原因就是西人所堅持的文化整體論。要學習異文化，必同時擯棄己文化。兩者不能妥協，也就談不上什麼會接了。蔣介石在《中國之命運》（據說主要為陶希聖所撰）中說：「中國人本為不甘心做奴隸而學西洋的文化，然而結果卻因學西洋的文化，而在不知不覺之中做了外國文化的奴隸。」這正是在「西學為用」之後，中學卻不能為體這個弔詭現象的具體寫照。

馮友蘭注意到：「清末人本以為西洋人是野蠻底，其所以能蠻橫者，純靠其有蠻力。對於有蠻力者之蠻橫，亦只可以蠻力應付之。」

---

65 宓克著、嚴復譯：《支那教案論》，南洋公學譯書院重印本（光緒十八年初版），頁28A。需要說明的是，宓克本人並不贊同這種「吾非除舊，何由布新」之勢不兩立的看法。在某種程度上，晚清那些主張「翼教」的人，在文化不可分這一點上倒與西方傳教士的觀念接近。此不詳論。

所以，「清末人之知注重力，……部分是由於清末人看不起西洋人之所致」。[66] 但中國人既然開始注重力而擱置自以為所長的理，實際上已開始接受西方的思想方式。早年提出「師夷之長技以制夷」，是覺得與「夷人」不可以理喻，不得不講求力，還是降而求其次的意思。到同治年間辦洋務求自強，主張「破華夷之界」，雖仍未離師夷長技的思路，實已無降格之意，而漸有拔高中國自己之心。

到戊戌變法前後，已漸有「以國之強弱大小定中外夷夏之局」這類認知的出現，葉德輝不得不明確反對之。[67] 既然以強弱而不是以文野分夷夏，則一些中國人自認野蠻，當為邏輯的結果。在此情形下，主張為重建新中國新文化而擯棄甚而破壞自己的傳統，也是順理成章的發展。一八九五年時，嚴復已認定所有中國學問既不能致中國於富強，也不能救中國於危亡，故通通可說是「無用」，皆應暫時「束之高閣」。[68] 一句話，中學已不能為體。

一般在文化競爭之中，被侵略各國的人民有一個共同的傾向，即回向傳統尋找思想資源和昔日的光榮以增強自信心。[69] 康有為革新孔子，雖然已攙和了不少西洋內容，到底還是在傳統中尋找思想資源。但中學不能為體之後的中國人則反是，他們回向傳統看到的更多是問題和毛病。像嚴復這樣的「先知先覺者」起初尚不能代表整個中國思想界，但隨著中國在義和團一役的再次慘敗，他的觀念不久即成為士人的共識。

---

66 馮友蘭：《新事論》，收入其《貞元六書》，上海：華東師範大學出版社，1996年，238頁。

67 葉德輝：《郋園書札‧與皮鹿門書》，長沙中國古書刊印社1935年《郋園全書》匯印本，頁9B。

68 轉引自 Benjamin Schwartz, *In Search of Wealth and Power: Yen Fu and the West* (Cambridge, Mass., 1964), p. 87.

69 Cf. Isaiah Berlin, "The Bent Twig: On the Rise of Nationalism," in idem, *The Crooked Timber of Humanity* (London, 1990), pp. 238-61.

一九○三年時，一個湖南留日學生自問：「中國有何種學問適用於目前，而能救我四萬萬同胞急切之大禍？」這一問十分有力，而答案是否定的。故他斷定，「惟遊學外洋者，為今日救吾國唯一之方針」。而且，據此人的看法，中國學問不僅不能救亡，實際上中國面臨亡國亡種的危局，正是「守舊主義鄙棄西學者之一方針之所釀成」。[70] 這個看法在當時有相當的代表性。

結果，不僅中國學問是無用有害，中國風俗也變得野蠻起來。一九○四年，一位署名陳王的作者在討論中國婚禮之弊時，先略述西方婚俗，斷言已「足徵其風俗之至則，人倫之樂事。」再「返而觀之中國之社會」，所見則是「婦姑勃溪矣，兄弟鬩牆矣，而大好之家庭，自此終無寧歲。」他進而總結出六條中國婚禮的通弊，下結論曰：「世界皆入於文明，人類悉至於自由，獨我中國，猶堅持其野蠻主義、墨守其腐敗風俗，以自表異於諸文明國之外。遂使神明之裔瀕於淪亡，衣冠之族儕於蠻貉。」[71]

這位論者顯然是先存西文明中野蠻之定見，據西例以反觀中國家庭。其實，中國婚姻固不尚自由選擇，而家庭之穩固則遠過於西方。論者本不知西，而敢下斷語，足見中西文野之殊，已成為時人固定認知。[72] 認知一變，再據此義檢討所有中國制度風俗，自無不野蠻腐

---

70 《勸同鄉父老遣子弟航洋遊學書》，《遊學譯編》，六（1903年4月），《辛亥革命前十年間時論選集》，卷一上，381-384頁。

71 陳王：《論婚禮之弊》，《覺民》（1904年），《辛亥革命前十年間時論選集》，卷一下，854-858頁。

72 反之，中國少年讀書人對西方的憧憬普遍相當美好。湖南時務學堂學生林圭論中西醫之別時說：西醫不一定能治中國人病，蓋「外感風寒濕熱，中西無異也。內感之勞、鬱、憂、傷，則中四而西僅一勞字也。」他以為：「人之勞，有時而憩；心既憩，則勞可舒」這在他所想像的西方世界中解決得相當好：「禮拜之功，在於能舒。勞之字既去，則一生均極樂世界，無一時有鬱傷之事；既無鬱傷之事，則無鬱傷之病；內感全除，所患者外感耳。」（林圭致黃奕叟，光緒二十四年六月二十五

敗。「儕於蠻貊」固亦宜焉。惟彼時人所用之「野蠻」，實亦與「文明」相對應，要皆新入之西詞，已不盡是中文原始之意。其價值判斷的強烈，猶遠過於中文原始之意。

這也是中西學戰的結果。據章太炎的觀察，西人在打壓中國文化方面，一方面由傳教士鼓動，一方面又向留學生灌輸，配合相當默契。接受了西方觀念的留學生更因中國科學不如西方而以為本國「一切禮俗文史皆可廢。」[73] 胡適對民初留學界的觀察與太炎所見適相印證：「今留學界之大病，在於數典忘祖。」胡適發現，在美國的中國學生，「懵然於其祖國之文明歷史政治」。由於「不講習祖國文字，不知祖國學術文明」，這些人首先就無自尊心。因為不知本國古代文化之發達、文學之優美、歷史之光榮、民俗之敦厚，則一見他國物質文明之進步，必「驚歎顛倒，以為吾國視此真有天堂地獄之別。於是由驚歎而豔羨，由豔羨而鄙棄故國，出主入奴之勢成矣。」到他們回國，自然會「欲舉吾國數千年之禮教文字風節俗尚，一掃而空之，以為不如是不足以言改革也。」[74]

孔子嘗謂：我欲仁，斯仁至矣。章太炎指出，此理也可反推，即我欲不仁，斯不仁至矣。傳統範圍本來博大，要找什麼通常就能找到什麼，關鍵還是人的主觀傾向在起作用。且中國傳統本有一種「反求諸己」的取向，用今日的話說，就是有了問題先作自我批評。故我們若看二十世紀初以來的中國思想言論，凡說及中國的弊病，均下筆順暢，出口成章；到說及治病救弊之法，則又多婉轉羞澀，常常不知所

日，《湖南歷史資料》，1981年第1輯，35頁）這裡對西人生活的想像性描述，那時大多數西人想不能同意，馬克思、恩格斯所見的西方無產階級更絕不能接受。

73 章太炎：《清美同盟之利病》，475頁。

74 胡適：《非留學篇》，原刊1914年的《留美學生季報》第3期，收入周質平編《胡適早年文存》，臺北：遠流出版公司，1995年，361-362頁。

云。到辛亥革命之前，據太炎的觀察，反求諸己的取向已造成「糜爛不可收拾」之局面。[75] 中學不能為體已是顯而易見了。

當然，中國的西學傳播者通常並未意識到他們客觀上起著主動配合西方對中國的文化滲透的作用，他們學習西方的最終目的是要使中國富強並凌駕於西方之上，可以說是一種以夷制夷的理學模式。陶希聖曾指出：「理學是什麼？理學即一面援道與佛，一面排道與佛，而開創的儒學思想體系。」[76]「師夷之長技以制夷」的口號由理學家魏源最先喊出，亦良有以也。主張學西方的鄭觀應在論西學時說：「夫欲制勝於人者，必盡知其成法，而後能變通，能變通而後能克敵。」明確其學西方的目的是「制勝克敵」，最後「駕出西人之上。」[77] 這個觀點不僅未離開早年「師夷以制夷」的軌道，其動機也與傳教士的完全相反。

類似的觀念在從馮桂芬到孫中山這些人的思想中都占據重要位置。馮在其名作《校邠廬抗議》之《採西學議》中詳論中國自強之道，主張半數以上的士人都改從西學。其根本的考慮就是要「出於夷而轉勝於夷」。他提出的具體方法尤有提示性，馮強調：學西方要「始則師而法之；繼則比而齊之；終則駕而上之。」馮氏與反對學習西方的理學家倭仁的觀念有同有異，兩人都要攘夷，也都相信中國不患無才。但倭仁以為只要發揚中國的傳統學問，就「足以駕西人而上之」，自不必「師事夷人」。馮則以為，攘夷「必實有以攘之」；為了最終的「駕而上之」，不妨先降格師事西人。為此，馮將西方文化區分為禮和器兩種不同類型：「用其器非用其禮也。用之乃所以攘之

---

75 章太炎：《清美同盟之利病》，475頁。

76 陶希聖：《北大、五四及其應負的責任》，《學府紀聞——國立北京大學》，臺北：南京出版公司，1980年，41頁。

77 鄭觀應：《西學》，《鄭觀應集》，上冊，202頁。

也。」[78] 馮氏關於用是為了攘這個觀念也為後人所傳承。孫中山在《三民主義》中就再三說到要凌駕於歐美之上。

問題在於，如果中學不能為體，西學也就難以為用。錢穆指出：中體西用雖然是晚清士人的共識，但當時的人「實在也並不知道中學之體是一個什麼體。自己認識不足，在空洞無把柄的心理狀態中，如何運用得別人家的文化成績？」故「西學為用」其實也是不成功的。正如嚴復所見，近代中國士人對於新說的態度有二：「不為無理偏執之頑固，則為逢迎變化之隨波。」究其原因，就是對中國的傳統學問，「除以為門面語外，本無心得；本國倫理政治之根源盛大處，彼亦無有真知」。一句話，關鍵還是心中「本無所主」，所以表現出進退失據的現象。[79]

空洞無把柄的心理狀態既是體用皆空的重要原因，更造成思想上的激進。錢穆觀察到，晚清中國思想界正由專重經學典籍轉向積極入世，此時也是積極入世的西方思想進入，本易相投契。但積極入世在知識上和思想上都應有更多準備，中國思想界則對此準備不足，「自己沒有一明確堅定的立腳點」，在西潮猛烈衝擊之下，反而產生種種衝突阻礙，「由此激起思想上的悲觀，而轉向極端與過激」，[80] 結果就是近代中國思想界的激進化。

而且，中國士人思想的激進化尚隱伏著更深層次的心態緊張。對本視西人為「夷狄」而不太看得起的中國士人來說，不過幾十年間，就由文變野、由自視為世界文化中心到自居世界文化的邊緣，這中間

---

78 馮桂芬：《校邠廬抗議‧採西學議、制洋器議》；倭仁奏摺，《籌辦洋務始末（同治朝）》，臺北：文海出版社影印故宮博物院1930年抄本，卷47，頁24-25，卷48，頁10-12。

79 嚴復致熊純如，1916年9月20日，《嚴復集》，第3冊，648頁。

80 錢穆：《中國思想史》，香港：新亞書院，1962年，165頁。

的心態轉變,必然是極其複雜的。而理學模式中潛藏的那種有時並不自覺的關懷和目的感,與士人當下進行的學西方的具體行為之間,不免也存在一種心態的緊張。且中國與此新出現的「夷狄」更常處於一種敵對的狀態之中。現在反要向其學習,而學習的目的又是「制夷」。何況如前引章太炎所見,這些「始創自由平等於己國之人,即實施最不自由平等於他國之人」。故中國士人對學習西方真是別有一番滋味在心頭,其中的多重尷尬是不言而喻的。

心態的緊張常常容易引起焦慮,因焦慮復產生一種激進的情緒[81],急於求成以擺脫這不得不進行的學習「夷狄」的尷尬。而且,中國士人雖然漸以西方為本位,卻只是有意為之,未必能完全做到。因為中國社會實際上沒有西化,知識分子不管意願多麼強烈,終不可能完全超越社會存在而懸想。即使那些西向的中國知識分子自身也未能真正的西化,正如傅斯年對胡適所說:「我們思想新信仰新;我們在思想方面完全是西洋化了;但在安身立命之處,我們仍舊是傳統的中國人。」[82] 胡適自己也坦承他一身有「中國的我」和「西洋廿世紀的我」兩者並存。[83] 他們雖然處處努力以西方標準衡量中國事情,但到底只是心嚮往之,終不能完全擺脫羈絆,到達彼岸。這樣的社會存在與士人願望以及知識分子安身立命的基本行為準則與其思想取向的雙重差距,以及與後者密切關聯的個人認同問題,造成一種更難化解的心態緊張。[84] 進一步促成了近代中國思想的激進化。

此時從西方輸入的使命感更加強了中國士人因多層次心態緊張而

---

81 Cf. Erich Fromm, *Escape from Freedom* (New York, 1941).

82 胡適日記,1929年4月27日。

83 胡適致陶孟和,1918年5月8日,轉引自耿雲志:《胡適年譜》,成都:四川人民出版社,1989年,62-63頁。

84 參見 Joseph R. Levenson, *Liang Ch'i-ch'ao and the Mind of Modern China*, 2nd ed. (Berkeley, Calif., 1967).

產生的激進情緒。清末民初之人的「畢其功於一役」的觀念甚強，其實這個觀念恐怕也多半是舶來品。中國傳統觀念是趨向漸進的，主張溫故知新，推崇十年寒窗、滴水穿石的漸進功夫。漢滅秦，尚承秦制。清滅明，亦承明制。雖有改變，大抵是出新意於舊制之中。鼎革之時尚且如此，遑論平素。只有感染了西方的使命感之後，才會有一舉全部推翻之氣概。清季人在本朝而非鼎革之時，即主張將全國的大經大法一舉全部改革，這樣的觀念大抵是受西潮影響的。

余英時先生已指出，近世中國士人把傳統和現代一切為二，在思想上是「遠承西方啟蒙運動和實證思潮關於社會和歷史之觀念」。[85] 蓋與傳統決裂正是文藝復興到啟蒙時代西方的一個重要思潮（西方人重視傳統的作用是二十世紀中葉以後的事了），其思想基礎就是對理性的高度崇尚。既然是理性為尊，傳統自然沒有多少價值。西方的文藝復興、宗教改革、自由主義、民族主義，以及社會主義等，一開始無一不帶有反抗既存權威的性質，均是在與社會既有權勢的鬥爭中發展起來的，故對傳統都感覺到不同程度的壓力。[86] 從文藝復興的再造文明到十九世紀歐洲民族主義興盛時的再造民族國家（Nation-building），都是面向未來，都要和傳統進行不同程度的決裂。文藝復興本是一種民族主義傾向的運動（如使用民族語言等），故與後來的民族主義運動一樣要在一定程度上與歷史認同，尚不與傳統進行根本決裂（在這裡傳統是多元的，要決裂的是大帝國的傳統，要認同的是大帝國中民族的傳統）。馬克思主義則講究階級的認同，無意再造國家而是要再造世界，所以乾脆與傳統進行徹底的決裂。[87]

---

85 余英時：《中國近代思想史上的激進與保守》，收入其《錢穆與中國文化》，上海：遠東出版社，1994年，216頁。
86 參見羅志田：《胡適與社會主義的合離》，《學人》，第4輯（1995年7月），10-18頁。
87 《共產黨宣言》中曾明確提及與傳統決裂。

　　結果，積極入世的近代士人對也是積極入世的西方思想的建設性
一面接受的並不多，倒是對近代西方那種與傳統決裂的傾向頗有領
會。陳獨秀就將「近世歐洲歷史」化約為一部「解放歷史」，即在政
治、經濟、社會等各方面與傳統決裂。[88] 陳氏的認知最能體現這種對
西方歷史的選擇性領會，而這又與中國傳統的「反求諸己」的取向暗
合。再加上前述中國領土主權基本保存所產生的潛存信心在一定程度
上又支持了「反求諸己」的取向，導致一種「我自己能夠敗，我必定
自己能夠興」[89] 的自信觀念。這種種因素與近代中國的激進化扭結在
一起，便產生出特殊的後果。近現代中國士人的一個共同心結即大家
為了中國好，卻偏偏提倡西洋化；為了愛國救國，偏要激烈破壞中國
傳統。結果出現破壞即救國，愛之愈深，而破之愈烈，不大破則不能
大立的弔詭性現象。[90] 愛國主義與反傳統在這裡奇特地結合在一起。

　　五四人，包括共產主義者，對中國現社會或主張改良再生，或主
張從根推翻而再生，其著眼點都在再造的一面，根本目的是相通的。
這一點胡適講得很清楚，他在一九二一年初給陳獨秀的信中明確地將
《新青年》同人劃為「我們」，把梁啟超及《改造》同人劃為「他們」，
界限甚清。[91] 同樣，胡適對傳統的認同，基本上只是無神論、考據學
那一條線，即他所說的科學傳統。除此之外，上述陳獨秀要反對的，
胡適差不多都支持參與。正像余英時先生所說的：「中國現代思想史上
最有勢力的兩個流派——自由主義和社會主義——大體上都對傳統持
否定的立場。」[92] 胡適劃的那條界線，恰證明兩者在這一點上的共同。

---

88 陳獨秀：《敬告青年》，《新青年》，一卷一期（1915年9月），1-6頁。

89 君衍：《法古》，《童子世界》（1903年5月），《辛亥革命前十年間時論選集》，卷一
　　下，532頁。

90 參見羅志田：《評介〈章太炎的思想〉》，《中國社會科學》，1997年5期，203-205頁。

91 胡適致陳獨秀（稿），《胡適來往書信選》，北京：中華書局，1979年，上冊，119-
　　120頁。

92 余英時：《中國近代思想史上的激進與保守》，212頁。

　　故五四人的激烈反傳統，至少部分是有意以西方為本位的結果而不全是傳統壓迫的結果。在傳統沒有粉碎和新舊沒有打成兩橛的情形下，康有為革新孔子，章太炎發展莊子的齊物論，雖然已攙和不少西洋內容，總還是在傳統中尋找資源。這與五四人完全以西方的民主和科學為武器相去甚遠。章太炎的新齊物論融會佛老，「以不齊為齊」，在精神上恰上承了晚清諸子學興起時的多元傾向，同時也體現了中國文化特別是儒家「溫故而知新」的傳統精神。[93] 這與五四人接受的近代西方必破而後立的取向正相對立。

　　同時，這裡面也有一些中國士人在主動推波助瀾。中國士人向有一種以天下為己任的超越意識，康有為以為：「民不可使知。故聖人之為治，常有苦心不能語天下之隱焉。其施於治也，意在彼而跡在此，……可以犯積世之清議，拂一時之人心，蒙謗忍詬而不忍白焉。」[94] 梁啟超對此領會獨深而行之甚力。他說：言救國者不可不犧牲其名譽。「如欲導民以變法也，則不可不駭之以革命。當革命論起，則並民權亦不暇駭，而變法無論矣。……大抵所駭者過兩級，然後所習者乃適得其宜。」這正是他老師所說的聖人為治之法的最佳發揮：「吾所欲實行者在此，則其所昌言不可不在彼；吾昌言彼，而他日國民所實行者不在彼而在此焉。」這樣，即使後人笑罵其為偏激無識，「而我之所期之目的則既已達矣。」[95] 梁氏雖未必真想革命，卻在其《新民說》中昌言冒險進取和破壞主義，大抵因此。

　　在中學不能為體之後，中國思想界本已趨激進；以梁在世紀之交的影響，更有意識地操此術以「過兩級」的方式昌言破壞，乾柴遇上

---

93 參見王汎森：《章太炎的思想》，臺北：時報出版公司，1992年，第二次印刷，155-162頁。

94 康有為：《康子內外篇・闔闢篇》，北京：中華書局，1988年，3頁。

95 梁啟超：《敬告我同業諸君》，《辛亥革命前十年間時論選集》，卷一上，221頁。

烈火，「破壞」遂成彼時思想言說中的口頭禪。梁氏本意雖或未必真那麼偏激，但其追隨者在激進的道路上就走得不知有多遠。到民國後，這一故意激進取向又為新文化人所繼承，陳獨秀、胡適、魯迅的思路皆與梁啟超如出一轍。[96]

同盟會時代的廣東革命黨人鍾榮光曾對胡適說，他那一輩人，「力求破壞」，也是不得已。因為中國政象，本已是大廈將傾，故他那一輩人「欲乘此未覆之時，將此屋全行拆毀，以為重造新屋之計。」而重造之責任，就在胡適這一輩人。所以他建議胡適「不宜以國事分心，且努力向學，為他日造新屋之計。」如果這輩人也追隨鍾氏一輩的潮流，「則再造之責，將誰賴哉？」[97]

具有諷刺意味的是，胡適回國本是想要進行建設的，因為上述的種種原因，他也和他那一輩新文化人一樣，不久仍以破壞責任自居，而且總覺破壞得還不夠。一九二一年五月，胡適已對吳虞說，「吾輩建設雖不足，搗亂總有餘」。希望吳在教書時能引起多數學生研究之興味。是又將建設的責任，留給了下一代。十五年後，到一九三六年，胡適更對湯爾和說，「打破枷鎖，吐棄國渣」是他在「國中的事業」之「最大功績，所惜者打破的尚不夠，吐棄的尚不夠耳」。[98]

而胡適的下一代也漸有同樣的認知。比胡適小八歲但屬於五四時學生一代的聞一多，以前民族主義情緒最強，認為中國只有造槍炮不如西方，文化卻比西方更好。但到抗戰末期，聞氏「經過十餘年故紙堆中的生活」，自以為「有了把握，看清了我們這民族、這文化的病症」，敢於開方了。他開出的方子，就是「革命」；在文化領域，就是

96 說詳羅志田：《林紓的認同危機與民國的新舊之爭》，《歷史研究》1995年5期。

97 胡適日記，1914年9月13日。

98 《吳虞日記》，成都：四川人民出版社，1984年，上冊，599頁；胡適致湯爾和，1936年1月2日，《胡適來往書信選》，中冊，295頁。

重提「打倒孔家店」的五四口號。[99] 這已是在五四之後二十多年了，仍然從中國舊書中讀出破壞的需要來。代代均以破壞自居，而代代均覺破壞得還不夠，近代中國的激進化，也就如洪水氾濫，一波蓋過一波，而不知所止。

士人救國的努力所形成的破壞甚於建設的客觀後果，進一步強化了龔自珍時代已開始的國無重心的進程。但基於中國領土主權基本保持的潛存信心使士人可以有比較樂觀的希望，而西來的進化論更為這樣的希望提供了理論的依據：由於人類各社會總在進化，自認野蠻和自居邊緣都不過是進化中的一個階段；目前中國雖已由文變野，再由老大帝國變為少年中國的轉化契機終為進化論所保證。本來近代中國的整個發展趨勢呈現出正統衰落、異軍突起的典型特徵，社會、政治、思想、學術等領域都可見明顯的權勢轉移。面向傳統的守舊一派提不出解決中國現實問題的方案，而面向未來的趨新士人則可以描繪美好的前景；他們立足於此一想像的描繪，可以提出無限多種解決現存問題的可能選擇（實際能否解決要將來才知道），故中國的希望實與「新」共存。

三　新的崇拜

沿此趨勢發展，新舊和進步與保守漸成價值判斷的依據，新即是善，舊即是惡；思想界和整個社會逐漸形成一股尊西崇新的大潮，可以稱作「新的崇拜」。對「新」的崇拜既因傳統的崩散而起，又同時助長了為重建新中國、新文化而破壞自己固有文化的主張。同時，由

99　《聞一多全集》，武漢：湖北人民出版社，1993年，第12卷，50，52，380-381，402頁，第2卷，367-368頁；參見余英時：《中國近代思想史上的激進與保守》，207頁。

於西方文化優越觀在中國士人心目中已經確立，「新」也成為西方式現代化的代名詞。英文的 modernism，今日是譯作「現代主義（或近代主義）」的，在那時卻譯為「從新主義」，[100] 極具象徵意義。

對「新」的歌頌在「筆鋒常帶感情」的梁啟超之《新民說》和《少年中國說》中表現得非常明顯，但更為簡單明瞭的，則是《杭州白話報》一九○二年六月的一段話：

> 因為是舊學問不好，要想造成那一種新學問；因為是舊知識不好，要想造成那一種新知識。千句話並一句話，因為是舊中國不好，要想造成那一種新中國。[101]

隨著科舉的廢除和辛亥革命後民國代清，趨新又有進一層的社會含義：

> 新中國處今新世界中，其未來之新事業、新功名，足以空古今而震寰宇者，有如礦產，隨在皆是。所須惟確有新知識新能力之新人物耳。[102]

短短兩句話，用了七個「新」字，足見「新」的橫掃一切之勢。更重要的是這裡透露出的社會消息：如果不是有新知識新能力的新人物，便不可能開採「空古今而震寰宇」的新功名新事業的礦產。既然人的上升性社會變動也唯新是尚，「新」的至高無上地位已從精神到

---

100 A.H. Mateer, *Hand Book of New Terms* (Shanghai, 1917), p. 80.

101 轉引自章伯鋒、顧亞主編：《近代稗海》，第12輯，成都：四川人民出版社，1988年，427頁。

102 劉藹和：《勛報》，《甲寅》，1卷6號（1915年6月10日），18頁。

物質，穩穩地紮根在中國社會了。如果說對「新」的崇拜此時已形成，大約不為過。從那時起，這一趨向更逐漸深入人心，已達下意識層面，余英時先生注意到：「中國人如果對舊東西有些留戀，說話時就總帶幾分抱歉的意思。」[103]

近代影響中國人最深的西方思想可能要數進化論（清季甚至民初的中國士人，鮮有不是進化論者），而進化論本身恰具有強烈的厚今薄古和尊新斥舊的傾向。在此傾向影響下，中國士人不但要求變趨新，而且是愈新愈好；不但要學西方，而且要學西方「最新最好」的東西，甚至要想在趨新一面超過西方。一九〇三年時金天翮就提出要在中國實行「歐洲尚未經歷之經濟革命」，他說：「中國個人經濟主義太發達，故不能具有政治思想。而下等社會之困難於經濟，類皆受上中二等社會之壓制。」故「吾觀察中國今日社會之內容及現象，有不能與歐洲比例；而當取歐洲尚未經歷之經濟革命，以為政治革命之引藥線。」[104] 後來社會主義在中國果然得到廣泛推崇，此已可見一斑；但這裡透露出那種試圖比歐洲更先進一層的觀念，尤發人深省。

在此趨勢下，一度頗受人欣賞的君主立憲制自然不再吸引人，中國人要學習的是在西方也更新的共和制。辛亥革命後中國成為亞洲第一個共和國，當時的中國士人想必有一種揚眉吐氣的感覺。而辛亥革命本身也體現出新舊勢力競爭的逆轉，新舊之間的攻守之勢因此而大變；過去是因為舊的不好，所以要新，現在則完全反過來了。陳獨秀在《新青年》上說得很明白：

要擁護那德先生，便不得不反對孔教、禮法、貞節、舊倫理、

---

103 余英時：《中國近代思想史上的激進與保守》，198頁。
104 壯游（金天翮）：《國民新靈魂》，《江蘇》（1903），《辛亥革命前十年間時論選集》，卷一下，575頁。

舊政治。要擁護那賽先生，便不得不反對舊藝術、舊宗教。要
擁護德先生，又要擁護賽先生，便不得不反對國粹和舊文學
（《新青年》6卷1期，10頁）。

為了擁護新來的西方民主與科學，中國傳統的一切差不多都要反對乾
淨了。五四新文化人有意以西方為本位的取向在這裡是非常明顯的。

對於許多趨新者來說，由於未來必然是或至少可能是美好的，本
民族固有之文化是否保存已不那麼重要，從傳統中尋找不足（而不是
光榮）以擯除或改進這樣一種「反求諸己」的取向不但不那麼可怕，
而且成為走向美好未來的必由之路。章開沅先生注意到：一九〇三年
時的上海新人物正因「面向未來，因而敢於否定過去」。[105] 且如嚴復
所說：「中國所本無者，西學也，則西學為當務之亟明矣。」[106] 面向
未來的近代中國讀書人多見西學之長和中學之短，也可以理解。實際
上，新文化人內心深處對棄中趨西未必就十分坦然，陳獨秀連續說出
的幾個「不得不」，就分明告訴我們他與胡適、傅斯年一樣的那種忍
痛割愛的矛盾心態。只是為了更新更美的未來，過去的一切才都可
割捨。

與此同時，新與西方和舊與中國的認同也越來越明顯。一九二一
年六月三十日，哲學家杜威在北京各界給他送行的大會上談到他對中
國青年學生和成人知識階級兩方面的印象。他說：「青年方面呢，都渴
望新思想，對於學理只是虛心的公開的去研究，毫無守舊的態度……
就是年長的人，也很肯容納新的思想，與青年有一樣的態度。」杜威

---

105 章開沅：《論1903年江浙知識界的新覺醒》，收入其《辛亥前後史事論叢》，武漢：
　　華中師範大學出版社，1990年，181頁。
106 嚴復語轉引自余英時：《中國近代思想史上的胡適》，收在胡頌平編《胡適之先生
　　年譜長編初稿》臺北：聯經出版公司，1990年修訂版，第1冊，11頁。

雖然說這是「新時代的精神，科學的精神，並不只是西方的精神。」但他同時指出：「全世界無論哪一國裡要找這一群青年恐是很難的。」[107]

換言之，中國讀書人無論少長，其趨新已達世界少有的程度，而且那時一些中國人崇新確已超過外國人。也是在北京各界送別杜威的大會上，女師大的代表吳卓生致詞說：「中國人有許多崇新太過了，以為男女之間可以毫無拘束，所以很鬧些笑話。」還靠杜威的夫人和女兒以演講和人格感化，才搞清楚真正「新」的外國人其實並不如此。杜威一家本是新派請來承擔引導趨新角色的，實際卻起著將一些中國人向舊的方向拉的客觀作用，最能體現當時社會角色的錯位。

而杜威在大會上的講話也並非什麼客套話，那的確是他在中國講學兩年的結論性看法。他於一九二〇年底曾應美國駐華使館的要求就當時中國學生運動寫了一份報告，說得還要直接。其中即指出中國學生傾向於「歡迎任何只要是新的或與既存意識不同的觀念」。由於聽眾不同，杜威在此並未強調這是新時代的精神，而是指出：受過教育的中國人與那些和中國人有接觸的外國人的觀念「其實是相同的」。[108] 北大教授陳大齊在一九二三年的觀察頗能印證杜威之所見，陳氏注意到：「今日的思想以為『凡是新的就是好的』」，同時「現在的人以為外國來的都是新的，所以『新的都是好的』的思想，一變就成了『凡是外國的都是好的』」。[109] 趨新大勢與尊西傾向的結合是非常明顯的。

杜威所接觸的中國人當然主要是能說英語的讀書人及其友朋，陳氏的觀察可能也限於一定的社會範圍，未必能夠概括彼時中國人的全

---

107 本段與下段，參見胡適日記，1921年6月30日。

108 John Dewey's Report to Drysdate, Dec. 1,1920, U.S. Department of State, Records of the Department of State Relating to Internal Affairs of China, 1910-1929, National Achives Microfilm Publications, No. 329, 893.00B/8.

109 陳百年（大齊）：《新舊與是非》，《北京大學日刊》，1923年4月14、16日，均2版。

貌。但至少在五四前後的那幾年，以北大為中心的新文化運動師生兩
輩人，的確是當時全國士林的中心。故他們的觀察可以說象徵性地表
達了「新的崇拜」這一尊西崇新大趨勢的實際存在。

在此進程中，「新」的威力日見增長。一九二〇年三月胡適的新
詩集《嘗試集》出版，一向趨新也最善於領會時代氣息的老輩梁啟超
在讀後即寫信給胡適，說他「歡喜讚歎，得未曾有。吾為公成功祝
矣」。他在表彰之餘，也對胡適新詩的形式提出了批評，委婉指出胡
適在詩最重要的「音節」方面功夫太差。[110] 以梁的輩分和身份，在
頗有保留的情形下仍要叫好，無疑體現出《嘗試集》在出版當時具有
相當的「征服力」。

《嘗試集》的威力當然主要是借了整個文學革命的東風，但尊西
趨新的大潮也對其有所幫助，這裡只舉一個小例子：胡適的白話詩在
格式上創新頗多，以英語的譯音入詩，就是一創舉。其最常為人引用
的一句就是「匹克匿克〔按即 picnic 之音譯〕來江邊」，引用者多少
都學過一點英語，他們的引用無不帶點挖苦的意思（從胡的老朋友任
鴻雋到後來的新朋友溥儀及晚年的「好後學」唐德剛，均在此列）。
但是這些人未料及的是，在民國初年尊西成風時，許多外來字詞正是
靠著其譯音而獲得言外之魅力（charisma）。君不見民國初年「德先
生」和「賽先生」就比「民主（當時也譯民治）」和「科學」說起來
響亮得多嗎！當年思想論爭時，一方只要將「德謨克拉西」或「普
羅」一類的字詞掛在口上，通常就可操幾分勝算。[111] 故胡適本意雖
只是略作嘗試，卻歪打正著，無意中增添了其白話詩的「力量」，真
可說是「功夫在詩外」了。

---

110 參見耿雲志：《胡適研究論稿》，成都：四川人民出版社，1985年，242-243頁。
111 Cf. Wu Mi, "Old and New in China," *The Chinese Students*』 *Monthly*, 16:3(Jan. 1921),
　　p. 203.

　　但趨新大潮與尊西的結合只是錢幣的一面，中國人趨新和激進的攻擊鋒芒也可轉而西向，西方文化優勢在中國的確立實意味著所有反西方的努力也要用西方的觀念來使之合理化。如前所述，近代中國知識分子潛意識裡始終有以夷制夷這個理學模式傳統的影響在。且西方文化本主競爭，中國若真西化，亦必與之一爭短長。故中國人學西方的同時又要打破自身的傳統，無非是在「畢其功於一役」這個觀念的影響下，想一舉凌駕於歐美之上。以前是借夷力以制夷，後來是借夷技、夷制、夷文化以制夷，最終還是為了要「制夷」。

　　早在十九世紀末，傳教士已有意識地為「取代儒學的地位」而培養能為其所用的華裔人才，擬「用基督教和科學來教育他們，使他們能勝過中國的舊士大夫，因而能取得舊士大夫階級所占的統治地位。」隨著尊西崇新趨勢的形成，以新人取代舊人這一點不久就已基本實現。但正如傳教士在一八九〇年就認識到的那樣，在華教育就像一柄雙刃劍，「基督教會必須讓它為上帝服務，否則魔鬼撒旦將利用它來反對上帝」。[112] 傳教士的利用「科學」，主要因為其與基督教一樣屬於西方；但「科學」與同屬西方的撒旦也是同源，歐洲反對「科學」的那些教士正以其為撒旦的產物。故科學究竟與上帝和撒旦孰近，證明起來還很困難。

　　傳教士謝衛樓（Devello Z. Sheffield, 1841-1913）在一八七七年就已指出：「經過西方科學教育的異教徒比一般異教徒更難接受福音」。[113] 故傳教士運用科學為布道工具的取向實有自掘墳墓的性質，他們最熱心傳播的科學到後來終成為抵制基督教的最有力武器。近代

---

112 分別轉引自校史編委會：《華西醫科大學校史》，成都：四川教育出版社，1990年，4-5頁；王立新：《晚清在華傳教士教育團體述評》，《近代史研究》，1995年3期，32頁。

113 轉引自史靜寰：《近代西方傳教士在華教育活動的專業化》，30-31頁。

中國士人在承認西方文化優越的同時，復憑藉主要是西來的「科學」（中國自然也有科學，但觀其在五四時所得的「賽因斯」之名，就很能提示時人言說中「科學」之淵源所自）之力將基督教排斥在那優越的「西方」之外。在文化可分論影響下的中國士人，一旦掌握了科學的一般道理，立即用之以證明基督教的「不科學」。[114]

曾經一度加入基督教的胡適不久就退出，後來雖然傾向「西化」，卻長期攻擊教會教育，就是一個顯例。早年的無神論者胡適之所以能成為基督徒，部分即因為他將基督教作為「優越的」西方文化之一部分而接受，確實不無想疏離於「野蠻落後」的中國而認同於「優越」的西方之意。但胡適在對西學有較多把握之後，就將西方文化一分為二，在基督教的傳播方式上看到了與中國的「村嫗說地獄事」、塑造「神象」、「佛教中之經咒」、以及「道家之符籙治病」等同樣「野蠻」之處；基督教既然與「野蠻」的中國相類似，其不屬於那「優越」的西方即不言自明，當然也就不必對之尊奉，而在摒棄之列了。[115] 中國士人以科學反基督教固然有所謂「理性」的成分在，但恐怕多少也因潛意識中抗拒西方文化滲透的民族主義思緒在起作用。

那時中國士人對西方那種愛憎交織的曲折情緒，在民初中國人學習的榜樣由英美而轉向蘇俄這一進程中表現得最充分。近代中國自向西走以來，最初提出來要學習的就是日本與俄國。因為這兩國的情形究竟比歐美更接近中國。中日間有所謂「同文同種」之說，情形相近是無需說的。中俄相近，也是時人的認知。胡適在一九一一年「觀演俄劇『Inspector-General』〔果戈里的《欽差大臣》？〕」，就頗產生中俄如「魯、衛之政兄弟也」的感覺，可知胡適心目中俄中政治情形至少在負面是相近的。周作人也認為，「中國的特別國情與西歐稍異，

---

114 參見楊天宏：《基督教與近代中國》，71-75頁。
115 說詳羅志田：《再造文明之夢》，87-88頁。

與俄國卻多相同的地方」。[116] 日本在「二十一條」之後已無人主張再學，俄國卻並未排除在可學之外。

特別是俄國一九一七年的兩次革命，給中國人印象頗深（中國人當時並不一定將俄國兩次革命區別看待，後來才漸有區分）。俄國的二月革命一起，立刻引起胡適的注意。他推測，「俄國或終成民主耳。此近來一大快心事，不可不記。」到十月革命起，也是留美的張奚若即認為，如果德國與俄國的和議成功，「俄新政府或有機會將其社會革命政策從容實施」，這將是法國大革命以來「人類歷史上第一大事。如能成功，其影響何可限量。即不幸而失敗，亦是政治學社會學上一大『嘗試』，向前看者不必稍挫其氣也」。如果說這些年輕人還算那時的激進派，則溫和穩健之老一輩如黃炎培也主張中國人應將「俄國精神、德國科學、美國資本這三樣集中起來」。[117]

不過，由於激進趨新的中國士人要學「最新最好」的西方，革命前和革命初的俄國，似乎還未達到「最新最好」的程度，所以陳獨秀在五四時喊出了「拿英美作榜樣」的口號。那時陳獨秀與胡適思想接近，他所說的英美，本是因杜威在華演講而發，故實指的是美國。這正是中日「二十一條」交涉後美國在華影響上升的巔峰。特別是威爾遜在大約同時提出的主張各民族自主的「十四點計劃」，在中國甚得人心。

但列寧也在基本同時提出了民族自決的思想。一次大戰時威、列二人皆提出了國際秩序新觀念，在不同程度上都反對既存的帝國主義國際秩序，所以兩者對被壓迫被侵略國家之人皆有很大的吸引力。假

---

116 胡適日記，1911年4月21日；周作人：《文學上的俄國與中國》，《東方雜誌》，17卷23號（1920年10月），107頁。

117 胡適日記，1917年3月8日；張奚若致胡適，1917年12月28日，《胡適來往書信選》，上冊，8頁；黃炎培語轉自《獨秀文存》，上海：亞東圖書館，1922年，下冊，93頁。

如我們學民初人將世界也劃分新舊，則至少在國際秩序方面，威、列二氏同屬新的一邊。但在新派範圍之內，雙方也存在對追隨者的爭奪問題，其關鍵就在於誰能真正實行民族自決的思想，或至少推動其實行。

如果說新文化運動的老師輩比較傾向於美國取向，俄國的十月革命對中國青年學生發生的影響則顯然更強烈。北大學生傅斯年在一九一九年初已認為「俄之兼併世界，將不在土地國權，而在思想也」。而威爾遜在凡爾賽和會上對中國的「背叛」，恰摧毀了幾年間美國在中國的影響。以前頗吹捧威爾遜的陳獨秀也不得不認為他「好發理想的大議論」，其實又「不可實行」，決定送他一個渾名，「叫他作威大炮」。此時正值新俄（新字要緊）發布放棄條約權利的《加拉罕宣言》，立即在中國各界引起極大的好感。進步黨的《時事新報》在社論中說：此宣言正是建立在威爾遜的和平原則之上，「只是威爾遜自己卻不能把他實現」。[118] 這很能表現中國士人學西方的榜樣由美往俄的轉移。

陳獨秀在一九一八年底所作的《每周評論》的《發刊詞》中，還曾稱威爾遜為「世界上第一個好人」。到一九二三年十二月，北大進行民意測量，投票選舉世界第一偉人，四百九十七票中列寧獨得二百二十七票居第一，威爾遜則得五十一票居第二。威爾遜從「第一好人」變為「第二偉人」，正是由美到俄這個榜樣的典範轉移趨於完成的象徵。故吳宓慨歎道，幾千年來孔夫子在中國人心中的神聖地位，「已讓位於馬克思和列寧」。若僅言新文化運動那幾年，則把孔夫子換為威爾遜倒更加貼切。[119]

---

118 傅斯年語在《新潮》，1卷1期（1919年1月1日），129頁；陳獨秀語載《每周評論》第8號之《隨感錄》；《時事新報》社論轉自《新青年》，7卷6期（1920年5月），11頁。

119 北大民意測量轉引自陳福霖（F.Gilbert Chan），*Nationalism in East Asia* (New York, 1981), pp. 21-22; 吳宓語見其1927年1月在清華的演講*Confucianism, China and the*

　　毛澤東後來總結中國共產黨的歷史時說：自鴉片戰爭後，「先進的中國人」一直在「向西方國家尋求真理」。那時的結論是：「要救國，只有維新，要維新，只有學外國。」故「求進步的中國人，只要是西方的新道理，什麼書也看」。但新學家自己雖然頗有信心，「先生老是侵略學生」這一事實卻「打破了中國人學西方的迷夢」。直到蘇俄十月革命之後，幾代「先進的中國人」學西方得出的最後結論乃是「走俄國人的路」。[120]

　　這樣的結論的確不只是共產黨人才有（程度和具體步驟當然大不相同），「俄國人的路」與西來的「社會主義」是直接相關的，前引金天翮的話已預示了社會主義對中國讀書人的吸引力。周作人在一九二六年說：「現在稍有知識的人（非所謂知識階級）當無不贊成共產主義」，他自己就「不是共產黨，但是共產主義者」。[121] 周氏這裡說的共產主義，涵蓋甚寬，約近於一般認知中的社會主義。這個觀察大體是不錯的，羅素在稍早描述他在中國的見聞時，也說中國的青年學生及優秀教師中的大多數都是社會主義者。[122] 羅素接觸的人當然有限，其所謂優秀教師者，大約應為多少說點英語之人。他們對社會主義，或者不過是嚮往而已。但這樣的人中若已多數嚮往社會主義，其餘自可想見。

　　一向被視為溫和的胡適就是這些人中的一個，他在列寧成為「世界第一偉人」那段時間其實與共產黨人的觀念非常接近。「新俄」及其附載的意識形態對中國人的吸引力是多重的，國民黨人和共產黨人

World Today，p. 2.

120 毛澤東：《論人民民主專政》，《毛澤東選集》（一卷本），北京：人民出版社，1968
　　年，1358-1360頁。

121 周作人：《談虎集·外行的按語》，《周作人全集》，臺北：藍燈文化事業公司，
　　1992年，第1冊，284頁。

122 羅素：《中國問題》，中譯本，上海：學林出版社，1996年，176頁。

或者看到的是革命奪權的成功，自由主義者看到的恐怕更多是奪權後的建設和「改造社會」的措施。對一般並未認真學習其系統理論的人來說，馬克思列寧主義至少有一點潛在的吸引力：它既是西方的產物，同時又號召世界人民進行反對帝國主義的「世界革命」。這正符合許多中國人對西方愛憎交織、既尊西又想「制夷」的傾向。

與當時許多讀書人一樣，胡適曾長期嚮往社會主義，視其為世界發展的方向；而胡適比張君勱等進步黨人的基爾特社會主義走得更遠的是，他把新俄的社會主義制度這一「空前偉大的政治新試驗」也納入他所謂世界發展方向的「新宗教信條」之中。但蘇俄是實行無產階級專政的，一向反對專制的自由主義者胡適何以能夠對其贊許呢？這正是胡適許多朋友不解不服之處。這個關鍵問題由芝加哥大學的一位教授幫他解決了。那位教授以為，專制必愚民，而蘇俄則「真是用力辦新教育，努力想造成一個社會主義新時代。依此趨勢認真做去，將來可由狄克推多〔專政〕過渡到社會主義民治制度」。[123]

胡適的看法直接基於他在一九二六年對蘇俄的短暫考察，並非完全無因。在斯大林一九二七年完全掌握蘇俄權力中心並推行依靠自己力量集中發展重工業之前，蘇俄確曾努力想獲得西方的經濟援助，其教育也頗受美國影響。故胡適的老師杜威就曾「大誇許蘇俄教育」。只是到了一九二七年後因注重專門技術人才的訓練，才開始放棄以前的教育方式。胡適是一九二六年到蘇俄的，又有杜威和那位芝加哥教授的引導，對蘇俄的教育印象深刻是很自然的。

蘇俄真正打動胡適的，大約還是一個法國人告訴他的：「俄國最大的成績是在短時期中居然改變了一國的傾向，的確成了一個新民族。」這正是胡適畢生想在中國實現的最高目標，他不禁對此感歎

---

123 本段及以下三段，參見羅志田：《胡適與社會主義的合離》，26-40頁，各引文出處已省略。

說：「這樣子才算是真革命！」後來的歷史表明蘇俄有那樣的改變實在只是個神話，但當時有胡適那樣看法的不在少數。二三十年代的西方人對蘇俄的社會主義和意大利的法西斯主義雖然是反對多而贊成少，但都承認這是對西方政治學說和政治制度的新挑戰。胡適是樂觀的實驗主義者，故傾向於從積極的方面去詮釋這些新試驗。

胡適從蘇俄到英國後，羅素即告訴他像中國這樣的農業國家，最適於蘇俄那種專政制度；若採用民治，必鬧得很糟。胡適反對說，「我們愛自由的人卻有點受不了」。羅素告訴他，「那只好要我們自己犧牲一點了」。胡適覺得「此言也有道理」。以前羅素說中國應走社會主義之路時，胡適曾做有《一個哲學家》的詩，說羅素自己不要國家，卻要中國人愛國；自己不信政府，卻要中國行國家社會主義；都因為羅素認為中國人還不配走自由主義之路。胡適曾「敬告」羅素：「這種迷夢，我們早已做夠了！」如今他自己的思想變了，羅素再教他為了國家好而犧牲個人信仰，他也就基本接受了。

羅素在一九二二年著的《中國的問題》一書中，曾提出蘇聯布爾什維克的根本目標就在於要「讓俄國全盤美國化」。對此胡適當年想必是不同意的，因為他認為「真正的美國主義」並不主張平地推翻一切，而是堅信「進步是一步一步得來的」。[124] 但在思想轉變之後，再加上芝加哥大學那位教授的推理，則社會主義專政的將來總還會到民治。正是基於專制可經教育變民主這一判斷，胡適在一九三〇年斷言：蘇俄與美國「這兩種理想原來是一條路，蘇俄走的正是美國的路」。他又一次接受了他不太喜歡的羅素的觀點（不過，羅素一向是將「美國主義」作為挖苦對象的，他說俄國走美國路略帶貶義；而在胡適這裡，已是明顯的褒義了）。

---

124 羅素：《中國問題》，7頁；胡適日記，1921年6月14日。

　　胡適在一九二一年初給陳獨秀的信中，曾明確地將《新青年》同
人劃為「我們」，把梁啟超及《改造》同人劃為「他們」。一年後，他
更將中共《對於時局的主張》所提出的十一條原則全部轉載於他所編
的《努力》，並評論說，「這十一條並無和我們的政治主張絕對不相容
的地方。他們和我們的區別只在步驟先後的問題。」換言之，胡適認
為中共的主張與他們自由主義者的主張可以相通，所以他對《宣言》
的唯一答案是：「我們並不非薄你們的理想和主張，你們也不必非薄
我們的最低限度的主張。如果我們的最低限度做不到時，你們的理想
主張也絕不能實現。」[125] 這裡的「我們」和「你們」，顯然都屬於前
面的「我們」之中。

　　共產黨人對胡的說法有正面的回應。中國共產黨二大發出的宣言
中就表示「願意和資產階級的民主主義革命運動聯合起來，做一個
『民主主義的聯合戰線』」。胡適在《國際的中國》一文中首先肯定
「這件事不可不算是一件可喜的事」。[126] 他在那篇文章中也對中共的
國際形勢觀進行了攻擊，但前提是願意聯合，因為他是把中共劃在
「我們」一邊的。如果說中共二大的宣言或者更多是從政治層面立
意，且主要是針對國民黨而言，這一原則同樣適用於思想層面。

　　陳獨秀本人到一九二三年底還認為在掃蕩封建宗法思想方面，唯
物史觀派和實驗主義派應結成聯合戰線。也許有人會說，陳對實驗主
義派比較親熱是因為老朋友的關係而不免有些劃不清界限；然鄧中夏
在幾乎同時對中國思想界的劃分，竟然與胡適完全相同。鄧把梁啟超
等《改造》同人加上梁漱溟、章士釗等新文化運動的對立派劃為「東
方文化派」，把胡適等人劃為「科學方法派」，再把共產黨人劃為「唯

---

125 胡適致陳獨秀（稿），《胡適來往書信選》，上冊，119-120頁；胡適：《這一周》
　　（1922年7月），《胡適文存二集》，上海：亞東圖書館，1924年，卷三，167-169頁。
126 胡適：《國際的中國》，《胡適文存二集》，卷三，128頁。

物史觀派」。然後指出，後兩派都是科學的；故在思想鬥爭中，應是後兩派「結成聯合戰線，一致向前一派進攻」。[127] 鄧中夏與胡適所用詞彙標籤雖不一樣，其所想的和所說的其實是一回事。結合陳、鄧二人的見解共觀之，那時中共設計的思想界「聯合戰線」包括胡適一派應無疑問。

胡適後來在一九三〇年說：「從前陳獨秀先生曾說實驗主義和辯證法的唯物史觀是近代兩個最重要的思想方法，他希望這兩種方法能合作一條聯合戰線。」則他是記得共產黨人的表態的。那時他已認為陳的「這個希望是錯誤的」。[128] 但他或者忘記了陳獨秀之所以有這樣的希望，其實很可能正是受了胡適劃分的「我們」與「他們」那條線的啟發。胡適一九三〇年所說這段話，常為人所引用（或證明胡適的自由主義純正，或證明胡適反動），其實這最多只能算後見之明，並不代表他二十年代的真想法。共產黨人與自由主義者胡適的觀念當然還有許多根本的岐異，但雙方在那段時間的接近，仍說明在「新的崇拜」影響之下，中國思想社會的激進化實遠超出我們過去的認知。

崇新的一個直接後果就是不斷地追求進一步的新，一般追隨者固然要不斷追求更新的偶像，就是已成偶像者，也要不斷地破舊，以證明及維持其新，否則就會落伍。在日新月異的中國激進趨新進程中，胡適自己即在「暴得大名」後不過數年，已因其「好邀眾譽」，且「對於千年積腐的舊社會，未免太同他周旋」而被視為落伍，後來更因參加善後會議而被認為是認同於北洋政府。胡適自己也清楚這一點，他在一九三六年給周作人的信中承認，十年來「青年人多數不站在我這一邊。因為我不肯學時髦，不能說假話，又不能供給他們『低

---

127 關於鄧中夏，參見朱文華：《胡適評傳》，重慶：重慶出版社，1988年，204-205頁。
128 胡適：《介紹我自己的思想》，即上海亞東圖書館1930年版《胡適文選》的「自序」。

級趣味』」。[129]

「不肯學時髦」不啻自認落伍，且並非只是激進派這樣看，曾任北洋政府部長的湯爾和也認為胡適那幾年「論入老朽，非復當年」。[130] 湯的話提示了一個長期被忽視的問題，即北洋政府中人也並不怎麼「落後」。實際上，民初中國社會的趨新與激進曾大大超出新文化人的預想。胡適原以為文學革命「總得有二十五至三十年的長期鬥爭」才能成功，大出他意外的是，北京「那個守舊政府的教育部」竟然在一九二〇年便明令各小學要從當年起在三年內全部使用白話教材，到一九二三年，中學國文課本也都採用國語。[131] 以「守舊」著稱的北京政府尚且如此趨新，餘人可以想見。

當時軍閥的思想觀念也頗有超出我們想像者。一九二四年秋江浙戰爭時，浙江盧永祥在其轄區徵收「軍需善後米捐」，買賣米均須納捐。上海市縣兩商會曾呈請減免，盧氏覆電稱軍需和民生都應照顧，較次的秈米可以免捐。較好的粳米，則「均為有產階級所購，區區餉捐，攤之於各人，為數極微」，必須照納。[132] 過去總認為只有馬克思主義者才講究階級和階級鬥爭，其實試查舊文，則一向沖淡吃苦茶的周作人就認為「階級爭鬥已是千真萬確的事實，並不是馬克思捏造出來的」。[133] 此處階級意識更已見端倪於操生殺大權的軍閥（雖可能是文人起草，總要得具名者的認可），則此時世風之激進，尤可見一斑。

全社會的思想激進，正是社會主義能在中國風行的土壤。東南大

129 張奚若致胡適殘信，無日期，《胡適來往書信選》，下冊，516-517頁；錢玄同致胡適，1919年2月，《胡適來往書信選》，上冊，25頁；胡適致周作人，《胡適來往書信選》，中冊，297頁。

130 湯爾和致胡適，1929年9月29日，《胡適來往書信選》，上冊，545頁。

131 參見羅志田：《再造文明之夢——胡適傳》，173頁。

132 《銀行周報》，11卷39號（1924年10月7日），33頁。

133 周作人：《談虎集‧外行的按語》，285-286頁。

學的經濟學教授蕭純錦描述當時的情景說：言論「愈激烈愈足以聳觀聽，而愈不近人情，則愈見其為獨到者。今日國內之談社會主義者，即大率類此」。[134] 若去掉其情緒化的部分，蕭氏的觀察大體是可靠的。那時各思想政治派別均對資本主義持不同程度的批判態度而傾向於某種社會主義的態度（當然其出發點不一樣，用的標籤不一樣，具體的措施也不一樣）。梁啟超在一九二七年特別指出：「你們別以為我反對共產，便是贊成資本主義。我反對資本主義比共產黨還利害。我所論斷現代的經濟病態和共產同一的『脈論』，但我確信這個病非共產那劑藥所能醫的。」[135] 此語最能反映彼時各派思想的異同，這樣的語境大概正是國民黨和共產黨都曾頗得知識青年擁戴的一個思想基點。

具有弔詭意味的是，北京政府雖有趨新的實際行動，在一般人眼中仍是舊的代表。北伐時國民革命軍方面能夠以弱勝強，在很大程度上即靠其比北洋軍閥更「新」的形象所造成的「無形戰力」，思想與社會的趨新大勢已直接影響到政治軍事的成敗。[136] 但新總是相對於舊的，一旦舊被破除，新也就不成其為新。這樣，既存的偶像轉眼已舊，不得不讓位於更新者。掌權之後的國民黨不久即由新轉舊，三十年代後期許多中國知識青年嚮往的地方是延安。「革命聖地延安」這個流行語，提示著奔向延安的知識青年確有「朝聖」的心態。

那時中國共產黨人對於「新」的推崇實不讓於中國其他任何政治勢力，毛澤東在一九四〇年談到共產黨人多年來奮鬥的目標說：「一切這些的目的，在於建設一個中華民族的新社會和新國家。在這個新

---

134 蕭純錦：《中國提倡社會主義之商榷》，《學衡》，1卷1期（1922年1月），1頁（文頁）。

135 梁啟超給子女的信，1927年5月5日，收在丁文江、趙豐田編：《梁啟超年譜長編》，上海：上海人民出版社，1983年，1130-1131頁。

136 參見羅志田：《南北新舊與北伐成功的再詮釋》，《新史學》，5卷1期（1994年3月），87-129頁。

社會和新國家中，不但有新政治、新經濟，而且有新文化。……一句話，我們要建立一個新中國，建立中華民族的新文化」。[137] 而延安與國民黨統治區的一大區別正在於新舊，至少一些外國人如此想。斯諾夫人（Helen F. Snow, 即 Nym Wales）即於一九三七年前往延安尋找一個能解決中國問題也更「新」的政治勢力，她果然求仁得仁，在那裡如願發現了「新的思想和新的人民」（a new mind and a new people），與有著「古舊政權」（ancient regime）的國民黨適成鮮明對照。[138]

北伐後期國民黨「清黨」殺人時，英美派的《現代評論》已在擔心那樣的殺人有可能「失去一般青年的同情」，更可能「驅人表同情於共產黨」。[139] 後來的時勢，恰是朝著英美派所擔心的方向發展。在邊緣知識分子對政治運動起著舉足輕重作用的近代中國，「失去一般青年的同情」恐怕不能不說是國民黨由興盛走向衰落的一個重要轉捩點。而「表同情於共產黨」的激進知識青年當然也不欣賞落伍的胡適，早年對胡適的《中國哲學史大綱》「很感興趣」的張岱年先生，就是在接受辯證唯物論之後，看出胡適在三十年代初的文章已在「針對馬克思主義」，乃視其為「時代的落伍者」，從而放棄了對胡適的追隨。[140] 合數事而共觀之，斯諾夫人在胡適承認青年人多數不站在他那一邊後的第二年前往延安尋求新的象徵，多少透露出幾許時代轉折的消息。

原刊《中華文史論叢》第60輯（1999年12月）、61輯（2000年3月）

---

137 毛澤東：《新民主主義論》，《毛澤東選集》（一卷本），624頁。

138 Cf. Kenneth E. Shewmaker, *Americans and Chinese Communists, 1927-1945* (Ithaca, NY, 1971),p. 338.

139 英子：《不要殺了》，《現代評論》，5卷128期（1927年5月21日），463-464頁。

140 張岱年：《論胡適》，收在耿雲志主編：《胡適研究叢刊》，第1輯，北京：北京大學出版社，1995年，211頁。

科舉制的廢除與四民社會的解體
——一個內地鄉紳眼中的近代社會變遷

　　如果說近代中國的確存在所謂「數千年未有的大變局」的話，科舉制的廢除，可以說是最重要的體制變動之一。從漢代發端到唐宋成熟的通過考試選官的科舉制，是一項集文化、教育、政治、社會等多方面功能的基本建制（institution）。在政治方面，它充分體現了「政必須教、由教及政」這一具有指導意義的傳統中國政治理論。古代中國的學校，本身也是官吏養成之地，其一個主要目的即造成有良好訓練的官吏。而教育和政治在制度上的連接，正落實在科舉制之上。

　　科舉制的功用並不止於此。周作人曾深有體會地說：「中國民族被稱為一盤散沙，自他均無異詞，但民族間自有繫維存在，反不似歐人之易於分裂。」這一跨越時空的維繫物，就是中國的「思想文字語言禮俗」。[1] 的確，從先秦到清末西潮大舉入侵之前，兩千多年來形式上的「書同文」也就是一種共通的全國性思想言說（discourse）。正是科舉制使其制度化為一種統一的全國性思想意識市場，它恰起著全國性的商品市場在近代西方的維繫作用，是傳統中國社會能維持基本穩定的重要支柱。除了這種社會的思想聚合作用，科舉考試的最高一層在京城舉行，與科舉密切關聯的太學、國子監、翰林院等，也都設於京師。這些制度，又在不同程度上起著思想的社會聚合作用，使京師集政治中心與全國性的思想論說中心於一體。

1　周作人：《藥堂雜文・漢文學的前途》，北平：新民印書館，1944年，32-33頁。

同時，科舉制逐漸成為中國上升性社會變動（social mobility）的主要途徑。任何編戶齊民只要能通過一定層次的考試就可以擔任一定級別的官員。故科舉制同時也在行動和制度上落實了中國傳統的「布衣卿相」夢想（這是中國士大夫文化的一個核心觀念，其重要正類「美國夢」在美國文化中的意義），適應了以耕讀為業的士階層的社會需要。

進而言之，科舉制還具有「通上下」這一重要的社會功能。在傳統的士農工商四民社會中，士為四民之首的最重要政治含義就是士與其他三民的有機聯繫以及士代表其他三民參政議政以「通上下」，而科舉制正是士與其他三民維持有機聯繫的主要管道。傳統中國士人是以耕讀為標榜的，多數人是在鄉間讀書，然後到城市為官。而做官之人或候缺或丁憂或告老，多半要還鄉。人員的流通意味著信息、資金等多管道的流通。概言之，科舉制在中國社會結構中實起著重要的聯繫和中介作用，它上及官方之政教，下係士人之耕讀，使整個社會處於一種循環的流動之中。[2]

可以想見，廢除這樣一種舉足輕重的社會政治制度，必然出現影響到全社會的多層次多方面的後果。過去對廢除科舉制的研究，主要側重於其是否有利於清季政治改革這一層面，較少從社會結構變遷的角度觀察問題。我在最近的一篇文章中已提出：以士農工商四大社會群體為基本要素的傳統中國社會結構，在自身演變出現危機時，恰遇西潮的衝擊而解體，拉開了近代中國社會結構變遷的序幕。社會結構變遷既是思想演變的造因，也受思想演變的影響。四民之首的士這一社群，在近代社會變遷中受衝擊最大。廢科舉的社會意義就是從根本

2　以上討論參見羅志田：《中國文化體系之中的傳統中國政治統治》，《戰略與管理》，1996年3期。

上改變了人的上升性社會變動取向，切斷了「士」的社會來源，使士的存在成為一個歷史範疇，直接導致了傳統四民社會的解體（這裡自然還有許多其他原因，比如新型的金融業、工商業等的出現等都是很重要的因素）。[3]

本文主要依據晚清山西一位鄉紳（這裡的紳是與官對應而言）的自述，簡單考察分析科舉制從改革到廢除對一個身處既不十分「開通」，又不十分閉塞，且相對富庶的內地（山西省太原、太谷二縣）並基本以耕讀為業的儒生型鄉紳及其家庭生活的直接影響；並進而通過這位鄉紳之眼觀察由此引起的社會變遷，特別是四民社會解體前後的一些現象，希望能從感性層面增進我們對這一社會劇變的認識和了解。

這個自述就是山西太原縣清代舉人劉大鵬（字友鳳，1857-1942）所著《退想齋日記》[4]。從一八九〇到一九四二年，劉氏記日記凡五十一年，現存四十一年，本文特別注重廢科舉前後那二十年間的記載。劉氏早年也有青雲之志，他的日記，與大多數傳統中國讀書人的日記一樣，是有意寫給人看的[5]；故記載的內容和表述的觀念，都不免有故意為之的痕跡。中歲以後，隨著鵬程萬里夢想的漸次磨滅，日記給人看的可能性日減，直抒胸臆的成分日增，對史學研究的價值也就遠非一般寫給他人看的名人日記可比了。劉家世居太原縣，劉大鵬本人在科舉制廢除前後一二十年間則在太谷縣一富商家塾中任塾師。

3　羅志田：《失去重心的近代中國：清末民初思想權勢與社會權勢的轉移及其互動關係》，《清華漢學研究》第2輯（1997年11月）。

4　喬志強標注，太原：山西人民出版社，1990年。以下凡引此書，一般都注出其寫作時日，以突出材料的時代感；凡正文中已說明時間、或無需準確年月日的泛引，則僅注出頁數。

5　如他於1892年8月15日記自己儉而孝，特別說明記下來並非「誇示於人」，可知其日記確是要示人的。

太原是山西的首縣，太谷則是富甲山西的商業集中地區，劉氏一生所
居均屬於中國內地經濟條件較好且信息較流通的區域。他眼中山西與
北京、開封等地在晚清多方面的差異，從信息傳播和信息掌握的角度
提示了近代中國各地思想和心態發展不同步這一現象的第一手依據。

　　劉大鵬生於咸豐七年，少歷同治「中興」時期，成年後目睹光宣
時的日漸衰落，與其大多數同齡士人一樣，總有今不如昔之感。他回
憶中同治年間時「吾鄉到處皆家給人足，氣象甚覺豐隆。」光緒三四
年間山西遭到大凶荒，「人民去其大半，所留者多貧不能支。」從此
境況就未能恢復。劉氏所在地區的衰落也有一些特殊的原因。他所居
之鄉，因「務農者十之一，造紙者十之九」，家無餘糧，平時或比一
般務農之家稍好，惟特別不耐荒年。光緒初年的大荒，「造紙人家餓
死者甚多，務農之家未能餓死一人。」[6] 鴉片是山西變窮的另一大原
因，據劉氏觀察，清季時吸鴉片者已達「十之七八，不吸者十之一
二」。這個數字或許不那麼準確，但吸鴉片者眾應是無疑的。後來種
鴉片者也日多，因其利厚。不過，種鴉片者與造紙者在家無餘糧方面
正相同，仍不耐荒年。一遇荒年糧價猛漲，便有餓死之虞。[7]

　　像多數傳統的士一樣，劉氏以觀風覘國為己任。他注意到，秋成
報賽是山西一直實行的古禮，「年穀順成而始為之」。道光年間晉祠鎮
一帶舉辦抬擱送神者共十三村，中間因太平天國事停頓，後又辦，但
到光緒七年（1881），同一區域有財力舉辦抬擱者僅六村，已不及前
半。故劉氏「於此見農家之景況，較前遠甚」。[8] 農村如此，商業也
比以前衰落許多。劉氏從光緒十四年（1888）起每年都詢問商人景況
比上年如何，而答覆皆曰「不若去年」。到一八九三年時他聽到「一

6　《退想齋日記》，1892年8月13日，1893年2月7日、12月11日，6-7、17-18、26頁。

7　《退想齋日記》，1892年10月4日，1893年7月8日，11-13、21-22頁。

8　《退想齋日記》，1892年11月6日，15-16頁。

年不如一年之言，於今已五年矣」。[9] 故劉氏的確看見「世道衰微」、今不如昔的跡象。此後整個日記中類似的記載不斷重複出現。

同時，劉大鵬更有一種強烈的生不逢時之感，頗能體現一個較少受到西潮直接衝擊的內地舉人在社會轉型時的心態。他於光緒四年（1878）進學（取秀才），光緒二十年（1894）中舉人，後三次會試不第，科舉制即被廢除。民國年間他一直以清遺民自居，直到「九一八」日本侵略中國東北後，他才逐漸從內心裡認同於民國（也就是說，直到這時他才承認中華民國代表中國）。劉氏以傳統的士自居，終其生也基本保持著士的心態（如果告訴他現代「知識分子」的概念，他多半不會承認他是一個知識分子），但他在科舉廢除後也終不得不像現代知識分子一樣在社會上「自由」浮動（實際是很不自由地隨社會變動之波浮動）：從塾師到小學教員、校長、縣議會議長都作過，後來更長期經營小煤窯，但終以「老農」這一自定身份認同度過餘生，以維持耕讀之家的最後一點象徵。下面就藉劉氏之眼與口，著重探討他這種生不逢時心態的社會淵源。

內篇：科舉制與耕讀之路斷絕前後的鄉村社會

劉氏家居太原縣赤橋村，「以耕讀為業，不耕則糊口不足，不讀則禮儀不知。」但劉家「只有薄田十數畝，不足養十口之家，全仗父親大人在外經營（按劉父在太谷縣經營木材業），母親大人在內整理」。[10] 可知劉家的主要經濟收入，還是來自在外經商的父親。與近世許多耕讀之家一樣，「讀」是包括經濟考慮在內的發展方向，「耕」

9　《退想齋日記》，1893年2月7日，17-18頁。

10　《退想齋日記》，44-45頁。

在經濟上逐漸僅為一道糊口的最後防線；「耕讀」相連恐怕更多的意義還在其傳統的象徵性一面，略有今日美國人講究的「政治正確」[11]的味道。自詡「耕讀之家」者其主要收入實來自經商，雖然大半以商為生卻要堅持耕讀的方向以正名，都提示著宋代以降四民社會中士、農、商這最主要的三民（「工」的人數既少，影響也不算大）之間你中有我、我中有你那種千絲萬縷的內在聯繫。劉父雖為商，劉氏自己仍像多數儒生一樣看不起商人。但他確曾遇到好幾個「深於學問」的商賈，甚感「漁鹽中有大隱，貨殖內有高賢」。同時，他也注意到有些讀書人「惟求詞章之工，不求義理之精」，雖儒冠儒服而行為不檢，「反為老農大商所嗤笑」。[12] 可見士商之間，差距確在縮小（但農商之間矛盾似有增強的跡象）。[13] 在西潮入侵之前，這樣一種潛移默化的社會變遷至少已有數百年的進程[14]，是研究西潮衝擊引起的近代中國社會變動時不可忽視的層面。

由於劉家「究竟不甚寬綽有餘」，劉大鵬自己年長後也不得不與「舌耕」者為伍，像大多數未能做官的讀書人一樣走上教書之路。劉氏在中舉之前，已出任塾師。但中舉後地位變化，對塾師這一身份認同就頗不能釋然，每慨歎其不得不為此「糊口」之業，曾一度想辭館回家「躬耕事親」。他以為，「讀書之士不能奮志青雲，身登仕版，到後來入於教學一途，而以多得脩金為事，此亦可謂齷齪之極矣！」有人「或謂教學足以傳道」，劉氏覺得這恐怕也是未能入仕者的掩飾之辭，蓋其未見「道之傳者幾何也」。正因為如此，他看不起一般以教

---

11 關於美國的「政治正確」，參見羅厚立：《美國方式與美國夢：「政治正確」與美國校園的權勢轉移》，《東方》，1996年3期。

12 《退想齋日記》，48-49頁。

13 參見《退想齋日記》，51頁。

14 參見余英時：《中國近世宗教倫理與商人精神》，收入其《士與中國文化》，上海：上海人民出版社，1987年，441-579頁。

書為終生計之人，認為他們沒有遠大志向，「區區方寸，只求個好館地，每年多得幾兩脩金，饌食好些」而已。[15]

的確，一般塾師的待遇並不太好。劉氏曾遇到一個業商失敗而任塾師者，所教童子五六人，每人送束脩千六百文，「一年所得不滿十千錢，糊口亦不夠，何能養家乎？」稍好者，一年所得「除卻飲食雜費」，還可「落二十餘千錢」。此類人考慮的，已不再是糊口，但仍「所入不敵所出」。[16] 劉氏自己的收入待遇，要好得多。他的東家「家資數十萬，家中並無一吸鴉片煙者，且極勤儉」，待劉氏頗厚，供饌食之外，束脩還有銀一百兩（據其日記，每兩至少合千錢），並曾主動增加到一百二十兩，但因未事先對他言明，結果劉氏以為有輕視意，「堅辭不受」。[17]

以求館或求好館為目的之讀書人，其用心自然主要不在「傳道」之上。但對身處晚清的劉氏而言，聖道之不傳，還有來自其他方面的威脅和衝擊。還在廢科舉之前，讀書已不如以前那麼被看重。本來讀書為仕進之正途，而學校也就是官吏培養之地。劉大鵬指出：「書院為作育人才之地」，而此中養成的人才，是為了「貢之朝廷之上，為舟楫、為鹽梅；上者致君為堯舜之君，下則使民為堯舜之民」。[18] 但部分因為清代可以通過捐納得功名，仕進之途已多元化。靠捐納得來的功名雖不被視為正途且只能補低級官職，對許多未中進士的中下層儒生來說，低級官職也正是他們所期望者。同時，隨著清代統治時期的延伸，先前各科已得功名卻未能補實缺的士人積累漸多，入仕之路已比從前要擁擠得多了。同樣不可忽視的是，整個社會的心態也在發

15　《退想齋日記》，71-72、54-57頁。

16　《退想齋日記》，1893年6月21日，1894年1月17日，20、27頁。

17　《退想齋日記》，63、88頁。

18　《退想齋日記》，70頁。

生轉變，商人在人們心目中的地位明顯上升（這或者與劉氏所居在太谷商業區有關，此情形在多大程度上與其他地區有可比性，尚待考證）。

還在改革科舉之前，棄儒就商已漸成風氣。劉氏發現：「近來吾鄉風氣大壞，視讀書甚輕，視為商甚重。才華秀美之子弟，率皆出門為商，而讀書者寥寥無幾；甚且有既遊庠序，竟棄儒而就商者。」原因即在於「讀書之士，多受飢寒，曷若為商之多得銀錢，俾家道之豐裕也。」當然，經商也非人人可為，如前所述，也有讀書人經商不成功又回過來任塾師者。但總的來說是「為商者十八九，讀書者十一二」。而且已出現了讀書無用論：「余見讀書之士，往往羨慕商人，以為吾等讀書，皆窮困無聊，不能得志以行其道，每至歸咎讀書。」這恐怕多少與其鄉「務農者十之一，造紙者十之九」有關。故不僅「視讀書甚輕」，根本就「視農事甚輕」。[19] 傳統社會的「耕讀」，其中自有內在聯繫。

商人地位的上升，政府提倡也起了相當的作用。晚清政府在因西潮衝擊而產生的「商戰」意識推動下，大力發展商務。中央成立了商部（後改農工商部），各省及地方也遵命成立商會。一般商人也都認識到「國家鄭重商務」。但同時山西很多商人也發現，商務不僅未得到振興，而且減色，商家「多困憊之情形，將有不可支撐之勢。此何以故？商利微末，而加抽釐稅日增月盛，靡所底止也。」[20] 這當然只是問題的一面，大的方向還是商人和商務都呈上升趨勢。

與商人地位上升形成鮮明對比的，是士人地位的明顯降低。光緒初年，太原已出現商人淩侮鄉民和輕視士人之事。到一八九六年七

19　《退想齋日記》，1893年1月2日、6月21日，1892年8月13日，1893年12月11日，17、20、6-7、26頁。

20　《退想齋日記》，161頁。

月，榆次縣一孝廉被縣衙門的門丁「大侮」，引起「闔邑讀書者大怒」，直告到省。士人地位降低也與他們中一些人的自尊不足有關。既然不少讀書人以教書為終生計，他們「區區方寸，只求個好館地」，自然不可能在東家面前擺架子。這些人「以東家有錢，非惟不嫌東家不致敬、不有禮，而反諂媚東家」。讀書人既然不能自重，要東家敬重當然就不那麼容易了。劉氏注意到「近來教書之人往往被人輕視……作東家者遂以欺侮西席為應分」的現象。這後一點的本質，劉氏看得很清楚：許多人請先生教子弟，「亦是作為浮事，何嘗鄭重其事」。[21] 換言之，過去商人雖富而一般仍敬重讀書人及其所代表的仕進之途，如今這些富人請教書先生部分或不過是擺擺樣子，大約也有點不得不為之以維持「政治正確」之意；但他們從內心到表面都已不很敬重讀書人，也並不真想讓其子弟走讀書仕進之路了（從輕官重商的角度看，這也可算是商人獨立意識的表現）。

據劉氏的觀察，重商輕學的一個直接後果就是應童生試的人數日減。從一八九八年起，「應考之童不敷額數之縣，晉省居多」（清代科舉是預定各地錄取人數，然後據此擴大數十倍為考生額數）。以太原縣為例，光緒三年（1877）應童生試者百數十人，次年則八十餘人，「自是而後，屢年遞減」，光緒二十二年（1896）四十五人，比上年少十餘人。四十人左右的數目約保持到光緒二十五年（1899），光緒二十六年（1900）則只有二十人，光緒二十八年（1902）二十三人，到廢科舉的前一年即光緒三十年（1904），考童生者僅十八人。[22] 與此同時，應會試的人數則呈上升之勢，[23] 說明以前各科餘下的舉人為數尚不少。高層次應試人數多而低層次應試人數少，正體現了讀書仕

---

21 《退想齋日記》，16、59、65-66頁。
22 《退想齋日記》，78、65、99、118、132、135頁。
23 《退想齋日記》，75、80、121頁。

進這條路是新近一二十年間才開始衰落的。

故科舉廢除之前，四民社會的維持已較困難。「當此之時，四民失業者多。士為四民之首，現在窮困者十之七八。故凡聰慧子弟悉為商賈，不令讀書。古今來讀書為人生第一要務，乃視為畏途，人情風俗，不知遷流伊與胡底耳！」[24] 一兩千年來傳統社會從耕讀到政教的路已不太走得通，而且為越來越多的人所不取。這一社會變遷的影響是巨大的，它必然導致四民社會的難以為繼。

同樣重要的是，許多士人已不能起四民之首的表率作用。四民之首這一社會角色的一個含義就是士為其他三民的楷模，分配給大眾的社會角色是追隨。如劉大鵬所言：士「平居鄉里，所言所行，使諸編氓皆有所矜式。」但他觀察到，一些士人不僅不能為表率，「而反為鄉人所化」，同於流俗，是「不足以為士矣」。[25] 關鍵在於，榜樣與追隨者的社會分工能夠為雙方接受並維持，各社會群體間就保持著一種相對穩定的有機聯繫。這種聯繫不論從哪方面被打破，都意味著四民社會的危機。

這個現象既是普遍的，也受到劉大鵬所居地區某些特殊因素的影響。一八九二年夏，劉氏到省城應試，宗師勉勵士子要為有「根底之學，不可徒攻時文」。劉氏聞之頗覺親切，但也擔心同應試者會「以為此皆老生常談，而不遵行之」。[26] 可知「不可徒攻時文」已成老生常談，劉氏日記中的確頻繁出現他慨歎士人只知讀時文的記載。但是，讀書者多讀時文而不問經史子集或者可說是近代中國普遍的士風不佳；就劉氏所在的地區言，因「僻處偏隅，士人甚少，即遊庠序者，亦多不用功，非出門教書而塞責，即在家行醫而苟安；不特讀書

24　《退想齋日記》，1904年1月8日，26-27頁。

25　《退想齋日記》，69頁。

26　《退想齋日記》，4-5頁。

求實用者未嘗多觀，即力攻時文以求科名者亦寥寥無幾。」[27]

實際上，劉氏雖知讀書之「正道」在多讀經史子集，其所處之鄉學術水準確實不高，他自己讀書也不算多。一八九三年夏，劉大鵬遊晉祠時，「見一雜貨攤上售一部《三國志》，愛不釋手，遂用三百廿錢買之，如獲至寶」。[28] 舊時一般的科舉文章，考秀才時主要看文辭的美惡，要做得空靈；考舉人的文章就要有點所謂書卷氣，多少要體現一些學問，不能太空（考進士則學問一面要求更高）。這是當時學做時文者的常識，劉氏自然不會不知，也一定在做準備，而且他是一向主張要讀經史子集的。但他在進學十五年之後，竟然最多不過在別人那裡翻過《三國志》（「前四史」是過去士人的必讀書，當然主要是作為文章典範而非史書來讀），可知他平時所讀的非時文書也不會太多。

而且，劉氏家鄉的「僻處偏隅」絕非他的謙詞。晚清科舉的最後一關，即考進士時的殿試，尤重小楷，這是當時制舉業者的常識。而劉氏要到一八九五年到京會試，才知「京都習尚，寫字為先，字好者人皆敬重，字醜者人都邈視。故為學之士，寫字為第一要緊事，其次則詩〔時？〕文及詩賦，至於翻經閱史，則為餘事也」。這樣的信息都不知道，其餘信息的不流通可以想見，自然很難考中進士。一年多以後，他還在慨歎「京都凡取士，總以字為先」。故「用功之士，寫字為要務，一日之中寫字功夫居其半，甚且有終日寫字者」。[29] 可知此事給他印象頗深。問題在於，寫好小楷原非一日之功，劉氏獲得信息既晚，即使天天練，功夫或難與早就在練習之人相比。略具諷刺意味的是，劉氏得知取士以字為先的日子，已是小楷重要性下降之時（蔡元培於1892年中式，他的小楷實未必佳）。到一九〇五年廢科舉

27　《退想齋日記》，1893年5月3日，6月22日，20、21頁。

28　《退想齋日記》，22頁。

29　《退想齋日記》，1895年3月18日，1896年9月12日，40-41、61頁。

時，劉大鵬還是個舉人，以此功名終其身，這與他所處信息不通之
地，大有關聯。

　　同樣重要的是，清季從改科考到廢科舉，取士的標準有一個變化
的過程。廢科舉前的十餘年間，取士的標準已是鼓勵新舊學兼通。汪
康年於光緒十五（1889）年應鄉試，以第三藝作騷體，不合科場程
序，依舊例應不取；卻因在次題《日月星辰繫焉》中，能「以吸力解
『繫』字，羅列最新天文家言」，被主考官認為「新舊學均有根柢」，
欲以首名取，終因犯規而以第六名中式。科場程序尚不熟，竟能以高
名取，可知實以「新學」中式。[30] 這雖然只是一例，但民國新人物中
有功名者實多，大抵為清季最後二十年間中式者，卻頗發人深省。

　　像劉大鵬這樣從中國腹地山西出來的讀書人，就可能因買不到
「新學」書籍，或買到而熟悉程度不夠而競爭不過久讀新學書籍的口
岸士子。劉氏於一八九五年到京應試後，大概才了解到口岸士人讀的
是什麼書。次年十月即請人代買回書籍一箱，其中有賀長齡編的《皇
朝經世文編》和葛士濬編的《皇朝經世文續編》。自那之後，劉大鵬
有半年的時間平日所讀都是這些「經世」的新派文章（包括駁新派的
文章，但所關懷的問題仍相同），思想也有一些變化；他由此回想起
當年自己也曾學過《幾何算學原本》，且「頗能尋其門徑，然今已忘
之矣」。[31] 可知咸同時期新學的傳布也曾較廣，但一因士人基本心態
未變，更因科舉取士的標準未變，許多人讀點新學書籍也多半是走過
場，讀過即忘。

　　劉大鵬自己在多讀買回的「經世」之文後，也終於醒悟到：「當
此之時，中國之人竟以洋務為先，士子學西學以求勝人。」這最後一

---

30 事見汪詒年纂輯：《汪穰卿先生傳記》，收在章伯鋒、顧亞主編：《近代稗海》，第12
　 輯，成都：四川人民出版社，1988，194頁。
31 《退想齋日記》，62-70頁。

點是關鍵性的：如果不學西學，就很難「勝人」。十幾天以後，他就聽說「京師設算學科，二十人中取中一人。凡天下之習算學者，許到京應試。此新例也」。[32] 這距劉氏回憶起他也學過算學並後悔已將其忘掉也不過兩三個月。到一九〇一年十月，劉氏已認識到「國家取士以通洋務、西學者為超特之科，而孔孟之學不聞鄭重焉。」由於「凡有通洋務、曉西學之人，即破格擢用」，結果是「天下之士莫不捨孔孟而向洋學」。[33] 但像劉大鵬這樣要到進入二十世紀才完全認識到這一趨勢的人，實已太晚。

　　這一變化是自上而下逐步實行的，與京師的信息距離（而不一定是地理距離）越近，變得越快，反之亦然。到一八九八年夏，劉氏就注意到府學的考試題已改考策論，題目的內容也與時政密切相關。而同日縣學出的考試題，卻「仍是文、詩，並無策論題」。在不欣賞趨新變化的劉氏看來，「府學業已改試策論體，縣學仍舊，則風氣尚未全變。」[34] 但他沒有想到，縣一級按舊法訓練出來的學生，到了府一級就很難考過據新法所出的試題。劉大鵬自己在赴京考試之前，其日記中就全無洋務、新學、西學這樣的詞語，只是在讀了買回的「經世」文章後始出現關注這類事務的言論。可以想見，那些舉人以下未曾出省應試的讀書人，大概就只有等到考試內容正式改變的通告發出後才能認識及此，他們也就更加無法與口岸地區的時代發展同步。一八九七年時就有人根據北京傳來的信息勸劉氏在家塾中「教子弟習洋務」，蓋其為當時所重。劉氏是否接受這一勸告，因日記被刪，不得而知，從其語氣看他大約是不接受的。[35] 但與上同理，全依舊法培養

32　《退想齋日記》，1897年5月18日、5月30日，72、73頁。

33　《退想齋日記》，102頁。

34　《退想齋日記》，86頁。

35　《退想齋日記》，74頁。

出來的學生，至少在仕進一途，必然要吃大虧。

一旦科舉取士的標準改變，劉氏那種一次性的購書補習也並不能從根本上改變他在追趕新學方面「落後」於時勢的狀況。一九〇二年，清政府正式廢八股而改試策論。次年，劉氏到河南開封再次應會試，又發現在山西還不多見的「時務等書，汗牛充棟，不堪枚舉其名目，凡應會試者，皆到書肆購買時務諸書，以備場中查對新法，故書商、書局抬其價，並不賤售」。[36] 可見不僅山西的新學落後於北京，即使同為內地且鄰近如山西、河南，新學的傳播也很不一樣。場中所考既然多為新學，兩地讀書人已不可同日而語。劉氏只能再次落第。當然，由於開封書商多來自京、津、滬、漢，這次是特別來賣書給應考之人，屬於臨時性的書市；還有一種可能是河南讀書人也不過是新近才接觸到這麼多新學書籍，則河南讀書人或僅比山西士人略更幸運（從劉氏斥開封因「五方雜處」而「人情多浮詐，風俗亦侈靡」看，開封的「開通」的確超過太原）。但至少內地讀書人與書商所自的口岸讀書人已不在一條起跑線上，應是毫無疑問的。

近代信息的傳播已有許多新興的方式，報紙即是其中主要的一種。晚清之報紙適應讀者需要，對於科考頗為重視，常刊載時文典範供士子揣摩。特別是改試策論後，因為「主事者以報紙為藍本，而命題不外乎是；應試者亦以報紙為兔園冊子，而服習不外乎是」。所以，士子「雖在窮鄉僻壤亦訂，結數人合閱滬報一份」。[37] 劉氏所居之鄉看來比這裡所說的「窮鄉僻壤」還要窮僻，所以並不知看報可以幫助科考。山西有《晉報》，始於一九〇一年秋岑春煊撫晉時。而劉氏日記中提到讀報，還要略晚，約在一二年以後，其所讀也與科舉考

36 《退想齋日記》，121、609頁。

37 戈公振：《中國報學史》（轉引《上海閒話》），北京：生活·讀書·新知三聯書店，1955年，108-109頁。

試全無關聯。即使在那時，我們也可從他閱報的時間與所閱報紙的出版時日看到近代信息傳播不同步的現象。從劉氏所閱報紙看，他開始閱讀的山西《晉報》一般是兩周以前出版的，而他首次提到讀外地的《中華報》，是在一九〇六年，所閱者為七十天以前的。到辛亥革命以後，信息流通的速度顯然加快，他在一九一四至一九一五年提到讀《申報》和《大共和報》，都只差七八天。到一九一七年，又提到閱《順天時報》，只差兩天，與閱本省的《晉陽日報》同。[38] 此時可以說已沒有什麼差異了。也就是說，要到民國初年，山西較開通的地區才與全國的主流信息管道同步。

可以看出，近代中國整個社會的變化甚快，但各地變化的速度又不一樣。在相當長的一段時間裡，全國實已形成兩個不同的「世界」。[39] 用劉氏自己的話說，即「中國漸成洋世界」；[40] 這裡的「中國」和漸成的「洋世界」，正是當時從價值觀念到生存競爭方式都差異日顯的兩種「世界」的表徵（非劉氏原意）。要能夠沿社會階梯上升，則必須按其中之一的「洋世界」的方式競爭。讀書考試做官的路徑還沒有變，但考試要求的內容已改變；這已足以將相當一部分士人拒之於新的上升途徑之外，僻處鄉野的劉大鵬及其同類士人實已不能「預流」。其結果，在趨新大潮的衝擊下，科舉考試已可能憑機遇

---

38 《退想齋日記》，130、149-150、162、195、199、203、246-247頁。

39 「兩個世界」的提法得益於張灝先生，參見其《梁啟超與中國思想的過渡，1890-1907》，中譯本，南京：江蘇人民出版社，1995年，3頁。張先生主要是據錢穆先生對晚清大儒陳澧、朱一新等人學說的詮釋，指出他們的思想「很少顯示出西方的影響」，故得出西方影響主要在「少數幾個在位的學者官員和一些在通商口岸處於邊際地位的人物」這樣的結論。我以為張先生對「在位的學者官員」對全國士林的影響恐怕估計過低。無論具體的詮釋如何，以京師和通商口岸及其影響輻射區為一方，以廣大的內地為另一方來劃分晚清的兩個「世界」，我想是有助於我們對近代中國的了解的。

40 《退想齋日記》，1902年2月28日詩，107頁。

（生長在口岸就比內地占先手）而不是作文的本事（八股文的優劣是一事，大家考同樣的東西至少體現了競爭的公平），考試的公平性和所選出之人的代表性均已不及以往。

重要的是，像劉氏這樣的讀書人，雖然對新學有較強的牴觸排拒之意，卻主要是因信息的不流通而追趕不上社會的變化；他們的確不滿這些新變化，但仍存追趕之心，也有追趕的實際行動。劉氏自己就一直在補習新學。而且，山西省城各書院在義和團之後改為大學堂（即李提摩太促成並經手的山西大學，是當時除京師大學堂之外中國唯一的一所「大學」），該校不僅「延洋夷為師」，且「所學以西法為要」，這是劉氏平時最為切齒的。他聽說有數位原有的中國教師因「聞洋夷為師而告退」，盛讚其「可謂有志氣者也」。但當他獲悉該校還要補招二十餘名學生時，立即由隔縣的教館趕回家讓自己的兒子去報名應考。[41] 由此可見，只要讀書仕進這條路不斷，像劉大鵬那樣的士人對新學是既不滿又要追趕。但由於不在同一起跑線上，他們中的大多數終於不得不名副其實地落伍了。

劉氏起步既晚，又不願捨棄孔孟「正學」，對新學也確實頗有抵拒之心，所以追趕的速度就慢。在他於一九○三年又一次落第後，才進一步醒悟到，其他士人「捨孔孟之學而學西人之學」，是為了「求速效」。因改試策論後，「所最重者外洋之法」，也只有求速效的人才考得上。對於維持「正學」的士人打擊更大的是，不僅讀書仕進之途已尊西學，即使教書謀生，也是「凡能外洋各國語言文字者，即命為學堂教習，束脩極厚。」[42] 這還只是開頭，但已有點殺手鐧的味道。約在同時，與劉大鵬同年中舉的郝濟卿，即因其東家嫌其「守舊學」而「欲令子弟學西法」，郝氏不願教新學（或亦不十分能教），只好

---

41 《退想齋日記》，111-112、115頁。

42 《退想齋日記》，126頁。

「力辭其館就別業」。[43] 此時講舊學者尚有選擇餘地，到科舉一廢，不會新學就只能失館，那就更不僅僅是束脩厚薄的問題了。

一八九六年春，劉大鵬所在地區已聞「廢學校、裁科考之謠」，立即引起士子「人心搖動，率皆惶惶」。反應快的，當下就有「欲廢讀書而就他業之人」。但更多的讀書人「習業已久，一旦置舊法而立新功令，自有不知適從之勢。」[44] 很明顯，如果說身處口岸的某些「先進」士人考慮的是廢科舉將有利於國家的改革和發展，內地一般讀書人最直接的反應正是上升性社會變動的方向轉換問題，而他們首先考慮的也就是怎樣因應這一可能出現的變化。

很快，傳聞的消息就與恰發生在同時的省城晉陽書院裁減諸生的膏火銀一事結合起來，據說裁減膏火只是第一步，接著就要「全裁各省書院，停鄉、會試十科，新立同文館、博致書院，請洋工師主教」等。這也是自上而下的，外省已在進行；山西因撫憲抵制，尚「不至一旦變於夷狄」。其實後來弄明白，至少裁減膏火是用於給書院山長加束脩。[45] 但那些傳聞將發生的事，顯非無因，後來大致以不同的形式逐漸出現。

一九〇四年初夏，劉氏又從《晉報》上看到「政府欲將各省州縣各教諭之缺一律裁汰，所裁教官即分別派充各小學堂教習，所有教諭署中應辦事件即並歸各省學校司辦理。」清制，舉人參加「大挑」考試合格即可用作地方教官（雖然從挑中到實際補缺可能會有十年或更長的候補期），也是入仕之一途，這對劉大鵬來說只有一步之遙。如今此路將斷，他立即意識到「讀書人更無出路矣」。[46]

---

43 《退想齋日記》，138頁。

44 《退想齋日記》，57頁。

45 《退想齋日記》，1896年5月25日，6月8日、1897年5月27日，58、58、73頁。

46 《退想齋日記》，135頁。

到一九○五年二月中，劉氏已知「天下學校全改為學堂」。在他看來，「學堂者，外洋各國之名也」；蓋「其中一切章程全遵日本之所為」。那年十月，他獲悉停止科考，當即感到「心若死灰；看得眼前一切，均屬空虛」。劉大鵬是有大志者，故其所慮或在仕途的中斷；對於其他前途本不甚光明的讀書人，卻是威脅更直接的「生路已絕，欲圖他業以謀生，則又無業可托」。果然，劉氏還在擔憂「士皆毆入學堂從事西學，而詞章之學無人講求，再十年後恐無操筆為文之人」；而一兩月之間，同人已「失館者紛如」。對於家有恆產者，尚不致慮及吃穿，「若借舌耕度歲者，處此變法之時，其將何以謀生乎」？[47]

科舉制本是集文化、社會、教育、政治等多功能於一身的建制，它的廢除不啻給與其相關的所有成文制度和更多的約定俗成的習慣行為等等都打上一個難以逆轉的句號。應該指出，清末各項改革的一個重要基礎，就因為中國傳統政教模式的確已到了不得不改的程度。在位的中國士人可以接受最初由西方傳教士提出的廢除科舉制的主張，就因為其許多功用已經或正在失去。清政府在改革科舉之時，已開始興辦學堂來填補科舉制的教育功用，這本是很有見識的舉措。但是，一種新教育體制並非一兩紙詔書在一夜間便可造成。如果說劉大鵬等人考慮多是個人出處，他們也看到一點關鍵所在：科舉是在「學堂成效未有驗」[48] 時就突然廢除的。很明顯，清季時舉國都已有些急迫情緒。

從某種程度上言，清季最後幾年新政的致命弱點就在於，當清政府終於認識到改革已是刻不容緩而主動推行自上而下的一系列改革措施之日，卻正是義和團事件之後大量過去維護政府（作為國家的一個

47　《退想齋日記》，139、146-148頁。

48　《退想齋日記》，146頁。

主要象徵）的那些士人對清政府失去了信心之時。[49] 科舉改革的不斷加速進行正反映了在主流士人心態與清政府政策頗有距離的情形下，政府希望藉此可以挽回這些士人的支持。從一九〇一年到一九〇五年那幾年間，僅張之洞、袁世凱等人關於科舉制的奏摺所提出的辦法，幾乎是幾月一變，一變就躍進一大步，前折所提議的措施尚未來得及實施，新的進一步建議已接踵而至，終於不能等待學堂制的成熟而將科舉制廢除。[50] 由於改和革的一面不斷加速而建設的一面無法跟隨，遂造成舊制度已去而新制度更多僅存在於紙面的現象。舊制既去，而新制尚不能起大作用，全國教育乃成一鍋夾生飯。[51]

實際上，科舉考試內容的改變，已帶有質變之意。如果從新政需要新式人才的角度考慮，考取之士既然以新學為重，當能應付政府暫時之急需；而更廣大的讀書人階層也勢必隨之修改他們的治學之路。不論是為了實行其以澄清天下為己任的志向，還是為了做官光宗耀祖，甚至純粹就是想改變個人和家庭的生活狀況，只要想走仕進之路，任何士人都必須學習新學。劉大鵬就是一個顯例。他也曾有大志，若科舉不廢，假他以時日熟悉新學，至少也還有「身登仕版」的

---

49 魯迅曾說，「戊戌變政既不成，越二年即庚子歲而有義和團之變，群乃知政府不足與圖治，頓有揭竿之意矣。」（《中國小說史略》，《魯迅全集》，北京：人民文學出版社，1981年，第9卷，282頁。）這裡的「群」，實即主流派士大夫，因為一般的老百姓在義和團之時恰與清政府有一度的「合作」。當時「東南互保」局面的出現，就是那些當年曾在清廷與太平天國之間選擇了前者的疆臣，這次卻在清廷與列強之間選擇了中立（中立是新入的洋概念，從傳統觀念看，就是有外侮而不勤王，聽憑外人宰割君主）所致。類似的心態也可見之於清季的溫和改革派。他們反對革命，卻承認清政府不可恃（這在邏輯上本身是不通的：清政府不可恃，就必須更換之，否則何以救亡？此派之所以得不到多少民間的支持，就在於其政治主張根本沒有成功的可能）。這些問題當然已越出本文範圍，只能另文探討了。

50 參見王德昭：《清代科舉制度研究》，北京：中華書局，1984年，236-245頁。

51 說詳羅志田：《失去重心的近代中國：清末民初思想權勢與社會權勢的轉移及其互動關係》。

可能，所以他才不願以教書為生，「依人門戶度我春秋」。此制度一旦廢除，這個他一生寄予厚望的上升性社會變動之路就突然關閉了。

耕讀之路走不通後，士人怎麼辦？年輕的或可進新學堂，轉變得更快的，已知道出洋遊學。但那些已到中年不宜再進學堂而又無力出洋遊學者，他們怎樣因應這一社會變動呢？劉氏發現，他認識的許多讀書人因科舉廢除而失館，又「無他業可為，竟有仰屋而歎無米為炊者」。他不禁慨歎道：「嗟乎！士為四民之首，坐失其業，謀生無術，生當此時，將如之何？」[52] 這才是幾千年未有的大變局：傳統社會是上有政教，下有耕讀，從耕讀到政教的路前已較難，但終未斷絕；如今此路不通，意味著整個社會的上升性社會變動途徑不得不轉向，新辦的學堂不論從制度上和數量上均不足以代，而期望在社會階梯上升等的人卻並未稍減，社會動盪的一個重要造因已隱伏在那裡了。

到一九〇六年春，因縣令傳諭各蒙館均「改名為學堂」，致使各蒙館聞風而散，學生全都不讀。在劉氏看來，這體現了「民心之不願改為學堂，不願學洋夷之學」。其實恐怕沒有那麼簡單。縣令既然只命改名，暗存承認既成事實之意，則所有館師尚不致失業。各館皆散，恐怕恰是各東家及就讀學童家長為使其子弟能學新學而無形中實際解雇舊館師的婉轉手法。既然「士皆捨孔孟之學而學洋夷之學」是為政府所鼓勵引導，像劉大鵬這樣的個別士人或許能堅持不「隨俗浮沉」，一般家長則必然會「靡然從風」。散館的結果，其實質就是所有的館師失館。[53] 如果散館只是臨時現象，則塾師尚有復職可能。一旦新學堂建立起來，塾師的希望就渺茫了。

果然，到第二年春，情形就比較明朗。沒有改學堂的蒙館，「弟

52　《退想齋日記》，149頁。

53　《退想齋日記》，151-153頁。

子來讀者無幾，藉事不來者有之，託病間曠者有之」。而凡新設學堂
之村莊，蒙館就被廢棄。由於學堂的蒙童要「從事於科學」，舊有的
塾師「多不能安其業」。反之，稍知新學者，或可為「勸學員」（即由
紳充任的低級學務人員），或可為新學堂教習。換言之，只有到新學
堂林立，知新學的讀書人數量不足以充教習時，舊塾師才可望重返教
職。即使此時，舊塾師還面臨一個被再選擇的問題。多數新人物在安
身立命之處，其實也重舊資格，故像劉大鵬這樣有舉人功名的，仍會
被優先選用；而原來學歷稍差、競爭力不太強的，通常都落得個長期
失業的結局。到一九〇八年夏，劉氏仍觀察到「老師宿儒皆坐困於
家」的情景。[54]

　　這還只是清季的情形，一到民國，更有根本的變化。一般塾師必
須通過縣一級新政府的考試才能教書，「若不合格即不准設帳授徒」。
劉大鵬在任縣議會議長的短暫時期，就有一老秀才怕考試通不過，
「勢必生路告絕」，不得不「聲淚俱下」地請他「庇護」。以前士人不
讀孔孟，只是受包括考試內容在內的各種「引導」，如今「學堂之內
禁讀經書，只令學生讀教科書」。新舊之間的攻守之勢已完全改變。
像劉大鵬這樣繼續得以充任蒙養小學堂教習的士人，尚可在教學時暗
中抵制，「以四書五經為本而教科書為末」。但省視學到他的學校檢查
時，顯然發現了問題，乃重申「僅許辦理新學，不准誦讀經書」。[55]

　　結果，劉氏這樣的「頑固黨」終不能見容於新時代，到一九一四
年初，他已不得不「另圖生計」，開始經營小煤窯。他自己總結說：
「人之一生，皆有恆業以養身家。予借舌耕為恆業垂二十年，乃因新
學之興，予之恆業即莫能依靠，將有窮困不可支撐之勢，」故「不得

<hr />

54　《退想齋日記》，1907年4月9日、4月14日、1908年6月29日，159、159、169頁。

55　《退想齋日記》，1913年2月19日、3月27日、4月29日、6月27日，177、179、180、
　　184頁。

已而就煤窯之生涯」。他一面以《中庸》上的「居易以俟命」自我解嘲說是「處於亂世，所學不行，聊藉一業，以藏其身」，[56] 一面堅持稱自己是「老農」、「鄉人」，[57] 並不以「商人」為其身份認同。然而，這仍不能改變他之所為正是他以前一直鄙薄的因生活境遇不好而「棄儒就商」這一事實。清季民初世事變化的滄海桑田，終於使最後一代四民之首的士（而且是那些主觀上希望維持其原有的身份認同者）自己走下了等級社會的首席，四民社會也就隨之而解體，不復存在了。

舊有的士人謀生既難，新的士因科舉制的廢除已不能再生成，士的存在也就成為一個歷史範疇。其直接的社會後果，就是四民社會的難以為繼。那時劉氏耳中所聞，眼中所見，「無非困苦情形。農曰歲欠饑餒……士曰學尚新學，遺棄孔孟，士皆坐困……工曰今有機器，廢置手工，無所覓食……商曰百物徵稅，日重一日，商務利微。」可謂「世困民窮，四民均失其業」。而「四民失業將欲天下治安，得乎」？[58]

衣食足而後知禮節是中國的古訓，先有麵包然後有藝術是近代西人的新知。如果士無以為生，自然也就談不上作表率。一個沒有共同接受的榜樣的社會，加上其餘三民也多困苦（必須指出，也有不少適應社會變動而上升者），民生和民心皆不穩定。此時天下或者大亂，或者以嚴刑治；前者為清政府及鼓吹廢科舉者所不欲見，後者為尚未正式放棄儒家學說的清政府及推廣改革者所不能為。中國社會向何處去？這的確是主張廢科舉者始慮所不及的。

56　《退想齋日記》，1914年2月5日、29日，191、192頁。

57　《退想齋日記》，227、262-263頁。

58　《退想齋日記》，1906年11月25日、1907年2月14日，155、157頁。

外篇：近代內地鄉紳心態的史學啟示

　　科舉制是傳統中國社會一項使政教相連的政治傳統和耕讀仕進的社會變動落在實處的關鍵性體制，其廢除無疑是劃時代的。但從劉大鵬的記述中可以看到，這一制度的衰落遠早於此，至少在山西鄉間，耕讀之路早已不像以前那樣受重視，而科考內容的改革無形中已使那些仍能一心讀書的士人所學內容從孔孟之道逐漸轉向以西學為主流的新學。雖然廢科舉的始作俑者是西人，但西潮的衝擊當然不僅是在科舉。從文化競爭的長遠視角看，中國讀書人主要思想資源轉變（更多是在意識層面，潛意識即通常所謂的安身立命之處則基本未變）的影響所及，恐怕不亞於科舉制的廢除。在這一方面，身處內地的儒生型鄉紳劉大鵬記錄下來的與耕讀生涯相關的心態變化，也給予我們許多從上層精英人物紀錄中所難見到的啟示。

　　從一八九六年底開始閱讀時務書籍，劉氏受到的影響是多方面的，至少不僅僅在趨新的一面。他看到了「華夷通商，是天下一大變局」，但一開始個人信心也還比較足；「時人皆憂中夏變於夷狄」，在他看來，「夷狄不能變中夏，仍是夷狄變為中夏也」。這一點尚是古訓，但劉氏的推理卻是近代的：西人到中國傳其洋教，「欲勝吾聖賢之教……不知吾道甚大，無所不包。泰西之教非但不足以敵吾道，久之而必化其教入吾教耳。乃知海禁之開，是吾道將來出洋之由，非西教混行中華之漸也」。[59] 那時的「經世文編」，雖有明顯的傾向性，到底是兩造的文章都選，所以時務書籍有時也給抵拒時務者提供了思想依據。[60]

59　《退想齋日記》，1897年3月23日、1896年6月22日、1897年10月7日，71、59、75-76頁。

60　同樣，在民國代清之後，自居「大清之人，非民國之人」的劉大鵬，拒絕用民國紀

但在義和團之後，劉氏發現：一方面，洋務已是舉國皆趨，孔孟「正學」已經不明；另一方面，「洋夷擾亂中華，如此其甚，我則衰弱自安，不思自強」，他的自信心開始逐漸喪失。到科舉廢除之後，眼見一留學英國回來得舉人的太谷縣讀書人，服色已易洋裝，「宗族亦待為異類」，終不得不承認有「華人變為夷者」這一事實。[61]

值得注意的是，在劉氏眼裡，洋務並不等於自強，這或者是海峽兩岸各以「洋務」和「自強」稱謂同一「運動」者值得研討的吧！對他那樣的士人來說，搞洋務者所致力的「爭勝」和「富強」，「凡舉一政，必費鉅款，而其款即從民間科派」；不但不安民，實是擾民，「雖云自強，其實自弱也」。傳統儒家思想最反對與民爭利，而新政之下的「修鐵路、開礦務、加徵加稅」，無一不是與民爭利，其結果是「民心離散」。而民心才是真正自強的基礎：「國家當積弱之秋，外侮交加，而欲奮然振興以洗從前之恥，其策在省刑罰、薄稅斂，施仁政於民，俾民修其孝悌忠信而已矣。不此之求，惟事富強，失策孰甚焉！」正因為這樣，在劉氏眼中，「自變法以來，各行省民變之案接踵而起」，出現了「人心莫不思亂」的現象。而且是「民困愈甚，思亂之心更深，一有揭竿而起者，民必回應無窮矣」！[62]

劉氏強調的「薄稅斂」是儒家仁政的主要內含，且有極強的時代針對性。的確，除了「洋夷無他知識，惟利是趨」[63] 和中華之邦講究禮義這個根本的價值衝突外，晚清改革的大多數事項都需要增加開支，這些開支或直接或間接，最後都落實到老百姓頭上（歷次不平等

年，仍用宣統年號。但他能夠「各行其志不能強」，所依據的思想資源，竟然是「維新人所謂之自由是也」。《退想齋日記》，1914年11月17日，199頁。

61　《退想齋日記》，1902年2月9日，1906年3月6日，105、148-149頁。

62　《退想齋日記》，160、105、117、142、128、120頁。

63　《退想齋日記》，130頁。

條約的賠款更是如此）。若與同時期的西方和後來的中國比，從晚清到民初，中國各級常規和非常規的各類稅捐加在一起，或者仍不算太高。但對具體時期的具體個人和家庭來說，新出的各類非常規稅捐的確是以空前的大幅度增加，而且呈不斷增加之勢（民國重於清，國民黨又重於北洋）。

劉大鵬觀察到：「各省大吏均以財用為務，凡所設施，非與民爭利，即加徵加賦，動曰效洋人之法也。」[64] 這就看到了晚清政府「與民爭利」的思想資源是來自西潮。從理論上言，這直接牽涉到西方自近代以來聚訟不休的「小政府」和「大政府」的問題（也類似中國歷代關於皇帝是否應內外「多欲」的爭論）。對西人來說，納稅是人民對國家的義務，政府要多辦事，當然要多徵稅。劉氏的同鄉，任新學堂教習的維新士人楊謨顯就認為，加徵加賦是為籌兵餉，老百姓「因此而民變」，只能說明「民之不仁甚矣」。他以為現在加得還不夠多，「即倍而加之，亦分所應爾」。[65] 這樣的觀念，雖近代變法之人暗中常以為本的法家學說也不及此，顯然已融入了西方理論。

劉氏在一九○六年三月遇到兩個新近遊學日本的山西士人（一進士一生員），「盛稱倭學之高；言倭之理學，華人不能其萬一」。這種言論，大致也是出自真心。出使英國的郭嵩燾也曾認為他所看到的英國政治是中國上古「三代」政治的再現，留日學生中多有認為有些傳統在中國已失，而在日本尚保存者（鼓吹日本負有東亞振興之責的有些日本學人，也有類似的說法，但出發點卻頗不相同）。不過劉大鵬也能看到問題的實質：「噫！捨吾學而學倭學，宜乎倭學之高也！」[66] 的確，二十世紀初的中國留學生，多是在西方文化優越觀已確立之後

---

64 《退想齋日記》，1905年5月16日，140頁。

65 《退想齋日記》，1905年5月29日，141頁。

66 《退想齋日記》，149頁。

才出國遊學的，其容易看見象徵西學的日本學高明之處，正因為先有求仁之心，故能出現我欲仁而斯仁至的現象。

但對劉大鵬這樣的儒生來說，「惟事富強」本身就不合中國傳統，而「維新之人一意加捐，以期政治之維新」，並不念及民困耶否耶，更是失策。儒生當然應有「澄清天下」之志，不能只顧及眼前；但他們同時也遵循「思不出其位元」的行為規範，在鄉就要言鄉。在劉氏一類鄉紳眼中，國家的「富強」還只是個影子，而越來越多的各類稅捐卻是實實在在地落在周圍的鄉民身上。故劉氏越來越肯定：清季「民心離散」的根本原因，就在「維新之家辦理新政，莫不加徵厚斂」。[67]

這樣，新政內容之一的興辦新式學堂，在劉氏眼中就是一項明顯的苛政。因為「每堂必籌許多經費，俱向百姓抽剝」，故學堂設得越多，則百姓的負擔就越重。「趨時之人只求迎合官吏之心，不顧群黎之怨」。問題在於，若「民生不遂，教何由施」？[68] 到一九〇六年七月，劉氏已獲悉直隸（今河北）靈壽、平山兩縣數千百姓因抗「勒捐巡警經費」而起民變，在毀縣衙打縣令的同時，因「百姓又憤學堂捐，復將兩縣所設學堂焚燒」。又一年後，身處山西鄉間的劉大鵬已看到，「凡設學堂必加徵加稅，致使民怨沸騰，動輒生變」，長此下去，「天下大局殆將有不堪設想者」，「恐不到十年即有改變之勢」。[69] 辛亥年的革命史實表明，他這個預測大致是準確的。

而且，設學堂「經費甚巨」的一個原因即在「學堂規模只是敷衍門面」，講究「鋪張華麗」。幾年後劉氏到省城參觀各新立學堂，果然

67　《退想齋日記》，170、174頁。

68　《退想齋日記》，1905年2月2日，138頁。

69　《退想齋日記》，153、158-159、151、162頁。

「均極雄壯」。[70] 這與章太炎所見不謀而合。蓋興學堂主之最力者為張之洞。太炎指出，張氏「少而驕蹇，弱冠為勝保客，習其汰肆；故在官喜自尊，而亦務為豪舉」。這一點恰影響到他辦學堂：「自湖北始設學校，其後他省效之。講堂齋廡，備極嚴麗，若前世之崇建佛寺然。」[71] 則可知劉大鵬所見，絕非僅是舊人物看不慣新事物。

最使劉氏不滿的是，政府雖然千方百計興辦學堂，為此不惜勒索百姓，激起民變，但學堂裡的學生卻「議論毫無忌諱，指斥時政得失」，且「竟敢顯言『排滿』二字」。[72] 究其原因，也正在於這些學生服洋式服、學洋夷學；服洋服則「失中國之形」，學洋學則追隨西人主張自由平等；學生既然「一以西人之學為宗旨，無父無君，皆習為固然，故入革命黨者十居八九」。既然無父無君，當然也就談不上尊師。於是，新學堂的體操課，在他眼中就成了「師弟無等級，將讀書氣象全行掃除」的表徵。[73] 以今日的後見之明看，最後一點半是誤解。但對於服膺孔孟之道的近代士人來說，平等自由最可畏懼之處的確在其提示的無父無君方向。

社會轉型之時，類似的現象並非不存在。一九○四年十二月，劉氏就聽到來自上海的傳聞，說一京官王某送子出洋遊學，子歸而「跪請曰：『男有一言，父若俯允男才敢起。』王某曰：『兒有何言？』其

---

70 《退想齋日記》，1905年3月14日、1908年3月1日，140、167頁。

71 章太炎：《救學弊論》，轉引自湯志鈞：《章太炎年譜長編》，中華書局，1979年，下冊760頁。據太炎所見，「學者貴其攻苦食淡，然後能任艱難之事，而德操亦固」。張之洞給學生以優厚待遇，意在勸人入學，但「學子既以紛華變其血氣，又求報償，如商人之責子母者，則趣於營利轉甚。……以是為學，雖學術有造，欲其歸處田野，則不能一日安已。自是惰游之士遍於都邑，唯祿利是務，惡衣惡食是恥。」不僅不能任艱難之事，其「與齊民已截然成階級矣」。由此看來，近代因讀書人不返鄉造成的城鄉之別還要早於廢科舉，實始於興學堂。

72 《退想齋日記》，1906年4月14日，150頁。

73 《退想齋日記》，163、158、162頁。

子曰：『今日所請者，即父；自此以後願不為父子，成為同等。』王某聞言面成灰色，無言而答，然已無可如何，聽子所為。」一九〇六年七月，劉氏又聽說山西平定縣就有「在省西學堂畢業生徐姓，不以其父為父，竟以平等相稱。」[74] 北伐之時，也有類似的傳說，講參加國民黨的青年要與其父親互稱同志。雖皆傳聞，亦未必無所本，至少表達了當時士人關懷之所在。

在士人趨新成為大潮後，劉氏所謂不同於流俗，也有了新的時代含義。他在一九〇三年又一次落第後，日記中首次出現了「頑固黨」一詞：社會上對那些不追逐西學而尚「講求孔孟之道、謹守弗失、不肯效俗趨時者，竟呼之為『頑固黨』」。一年多後的一九〇五年夏，他總結說：「近年來為學之人竟分兩途，一曰守舊，一曰維新。守舊則違於時而為時人所惡，維新則合於時而為時人所喜，所以維新者日益多，守舊者日漸少也。」[75] 一般而言，在口岸地區，新舊兩派的劃分至遲是在幾年前的戊戌變法時已經明確，即所謂「自六烈士殺，而新舊涇渭於是分矣」。[76] 但在劉氏的世界中，這個劃分顯然要晚得多。那「頑固黨」的稱謂及其伴隨的新舊之分，很可能還是他出門應考得到的新知識。近代中國各地區思想心態的不同步，於此又可見一斑。

科舉制一廢除，不但各級官吏「專事奢華，事事效法洋夷之所為」，而「草野人民亦多仿而行之」。[77] 新舊之分的情勢在鄉間也很快明朗起來，而且維新派顯然在短期內就大占上風。劉大鵬一向逢人就喜歡講倫常之理，[78] 但在廢科舉之後不久他又講倫理時，一個朋友就

---

74 《退想齋日記》，138、153頁。

75 《退想齋日記》，126、143頁。

76 李群：《殺人篇》，《清議報》88期（1901年），張枬、王忍之編：《辛亥革命前十年間時論選集》，北京：生活·讀書·新知三聯書店，1960年，卷一上，23頁。

77 《退想齋日記》，158頁。

78 對劉氏這樣的儒生型鄉紳來說，倫理是「維持天下萬世之大綱」。他的日記一開始

勸他說，你講的雖然有理，「但不合乎時。若對維新之人，非特受其
譏訾，且必招其斥罵」。[79] 可知在此之前，劉氏尚頗有發言權，然維
新派在短時期內已今非昔比，完全占據了鄉間的言論陣地。舊派之人
若不在言論上自律（即 self-censorship），就會自討沒趣。到一九〇八
年春，有講說孔孟者更會被讀書人「群焉咻之，目為頑固，指為腐
敗，並訾以不達時務，為當時棄才」。[80] 世風的丕變表明，新派此時
已取得了對鄉間思想論說權勢的完全控制。

　　故劉氏等正憂國家和個人前途無望，維新者卻都「欣欣然有喜色
而相告曰：『舊制變更如此，其要天下之治，不日可望。』」[81] 對那些
認為科舉是中國進步的大障礙的士人來說，這樣的期望想必是真誠
的。但劉氏等視科舉為中國的根本制度者，其憂患意識也是發自內心
的。同一事物而士人所見竟截然相反，近代中國思想論說及其載體的
兩極分裂，顯然值得進一步重視。

　　再次值得注意的是，劉氏所說的「維新之人」，並非我們一般史
學論著中專指的戊戌變法前後的主張變法者。同樣，像「新政」這樣
的字眼，在劉氏日記中也是一九〇三年才出現，專指一九〇一年及其
後的「變法」。[82] 這就又一次提示我們，戊戌變法在多大程度上影響
到全國，恐怕還是一個需要進一步考證研究的題目，很可能其影響主
要僅在所謂「洋世界」的範圍之內（現刊印的劉氏日記缺光緒二十

就講倫理，最後結束時仍在講倫理。在他看來，自古「倫理明則天下治，否則天下
亂」。四十年代日本軍隊在中國「行其暴虐之政」，也是因為全世界都已不講究倫
理，「惟是行求利之法」。（《退想齋日記》，1892年2月13日，1942年8月19日，2、
590頁）從這個角度來分析帝國主義，其實也不無所見。

79　《退想齋日記》，1906年3月10日，149頁。

80　《退想齋日記》，168頁。

81　《退想齋日記》，1906年3月19日，149頁。

82　《退想齋日記》，128頁。

五、六即1899-1900兩年，所以尚難準確了解戊戌變法對劉氏所居山
西民間影響的程度，但他的「新政」一詞全指1901年或以後的「變
法」，完全不涉及戊戌變法，卻是無疑的）。

可以看出，劉大鵬觀察社會問題的傾向性是明顯的，但他也並非
全不客觀。比如，對於嚴禁鴉片一條，他就認為是超過以前政策的
「新政之最好者」。[83] 另一方面，劉氏無疑是帶有偏見的。當他將所
有他最看不慣的新事物和各種新老問題皆歸咎於「學堂之害」時，他
的不滿情緒顯然壓倒了一個「覘國」之士觀風析政時應有的客觀。一
九〇八年九月，劉大鵬將「學堂之害」總結為三點：一、「老師宿儒
坐困家鄉，仰屋而歎；」二、「即聰慧弟子，亦多棄儒而就商；」
三、「凡入學堂肄業者，莫不染乖戾之習氣，動輒言平等自由，父子
之親、師長之尊，均置不問。」[84] 從他以前的記述看來，只有第三條
可以算是興學堂以後才發生的事情（這也專指劉氏所在的山西鄉村而
言，別處講平等自由並不待興辦學堂）。此點確有可能促進了「讀書
人士日減一日」的局面：一部分害怕子弟與其講平等的父兄或即因此
而「不願子弟入學堂，遂使子弟學商賈」，這就與廢科舉一起強化了
第二點的發展趨勢。而改蒙館為學堂不過使第一條發展到極端化。但
無論如何，前兩點都是在興學堂之前很久就已發生，且早已發展到比
較嚴重的程度了。

劉大鵬之所以會有這樣帶偏見的看法，與他的基本價值觀念頗有
關聯。他在一九一四年末總結自己的一生說：

> 予之幼時，即有萬里封侯之志，既冠而讀兵書；及至中年，被
> 困場屋，屢戰屢躓，乃歎自己志大而才疏，不堪以肩大任。年

---

83 《退想齋日記》，172-173頁。

84 《退想齋日記》，162-163頁。

垂四十，身雖登科，終無機會風雲，不得已而舌耕度日。光緒
季年，國家變法維新，吾道將就漸滅；迄宣統三年，革命黨
起，紛擾中華，國遂淪亡，予即無舌耕之地，困厄於鄉已數年
矣。[85]

　　這真是一幅近代科舉制與內地鄉紳關係的清晰寫照。他的生活目
標、希望、失望，皆繫於此一制度，可謂成亦科舉、敗亦科舉。在大
致喪失「風雲」之機會後，他的主要生活來源仍靠與科舉制密切關聯
的耕讀生涯。從科舉制的改革、廢除到民國代清，劉氏的生存條件和
社會地位都每下愈況，最後不得不「困厄於鄉」，慨歎「不亦虛生」，
以「慚忸曷極」的心態度過餘生。

　　這樣，劉氏將他眼中清季民國的主要弊端皆歸咎與教育改革，就
不難理解了。他在一九一六年春指出：「自光緒庚子以後改設學堂，
不數年停止科考，並派學生出洋留學以學洋夷之學……洋學既盛，孔
孟之學遂無人講；中國人士均尚西學，則父子之親、君臣之義、夫婦
之別、長幼之序、朋友之信皆置諸如〔無？〕何有之鄉，遂養成許多
叛逆，未越十年，即行返國，憑據要津；至宣統三年，突然蜂起，革
我清之命，改稱民國，號曰共和，而亂臣賊子乘勢行其素志。」以後
的變化，都是「以賊攻賊、以暴易暴」，造成「民不聊生」的狀況，
「豈非孔孟之學不行而洋學是尚之所致乎」！[86]

　　劉氏眼中的「叛逆」，顯然包括了我們平常所說的「立憲派」和
「革命派」，這似乎提示著我們學術界過去多看見這兩派的異，而忽
略了它們之間的同。至少對劉氏這樣的內地儒生型鄉紳來說，兩者之

85　《退想齋日記》，198頁。

86　《退想齋日記》，227頁。

間的同多於異。在強調兩派共性的前提下，劉氏能觀察到新學所造成的「叛逆」在辛亥革命之前實際上已「憑據要津」，這一洞見是超過許多時人和後來的研究者的。的確，如果細觀近代中國各派政治勢力的興衰，後起的政治勢力往往是在前者執掌政治權勢時已隱據思想論說領域的權威，先造成有道伐無道的聲勢，然後以弱勝強，取代前者。[87]

　　如果拋開劉氏出自清遺民的成見，不計較其某些情緒化的表述，而從文化競爭即「學戰」的視角看，他最後的結論，也不無所見。余英時先生最近提出：「從長期的歷史觀點看，儒學的具體成就主要在於它提供了一個較為穩定的政治和社會秩序。」他贊同陳寅恪先生關於「二千年來華夏民族所受儒家學說影響最深最巨者，實在法律制度公私生活之方面」的論斷，並進而指出：傳統中國「從個人和家庭倫理到國家的典章制度」都不同程度地體現了儒家原則。[88] 換言之，這一儒學支配下的秩序是一個全面的體系。一旦「孔孟之學不行而洋學是尚」，整個體系即走向崩潰。劉氏雖處鄉間，其切身的體會與後之大儒的系統詮釋頗相契合，正體現了儒學貫穿於人生日用之細行與國家興亡之大道這一無所不在的特徵。

　　近代中國最根本的變化，仍是文化競爭的失敗。中國士人引進的西方思想，總體傾向著重於「爭」，不僅要「外競」，而且實際上更多是提倡「內競」，故對中國既存的政治和社會秩序多取挑戰的態勢。這樣一種大趨勢或者真有利於中國的「現代化」和「進步」，這且當別論，但其客觀上無疑造成了許多人（不僅僅是士人）的生活困難和

---

87 北伐就是一個顯例，參見羅志田：《南北新舊與北伐成功的再詮釋》，《新史學》，5卷1期（1994年3月）。

88 余英時：《現代儒學的回顧與展望——從明清思想基調的轉換看儒學的現代發展》，《中國文化》，第11輯（1995年7月），1、15頁。

不安寧，而「民不聊生」這個現實又是對任何既存政治權勢的最根本威脅；結果，晚清政府的變法在失去自身文化立足點的前提下，建設不足，破壞有餘，無意中走上一條自毀之路。[89]

可以看出，儒生型鄉紳劉大鵬當時記錄下來的種種觀點，從不同的方向和層面提示著一個問題：我們關於中國近代史許多耳熟能詳的論斷，在劉氏所處的「世界」中，或者不同時，或者不同義；這是否也說明我們的近代史研究到今天仍然是側重某些層面，而忽略了另一些層面呢？假如是的，劉大鵬日記在近代史研究方面給我們的啟示，就不止在科舉廢除引起的社會變化了。

原刊《清華學報》（新竹）新二十五卷四期（1997年4月）

---

89 反之，也可以看出，從皇室到大臣的清季主朝政者所考慮的，應不完全僅是維護其統治（這當然是他們最主要的關懷）。有相當部分的變法措施，明顯不利於家天下的統治，但在位者相信其有利於國家，故此得到推行。假如這些最終導致清室失位的政策真促進了中國的發展，對這些末世的改革者來說，也可算是求仁得仁，雖以悲劇告終，倒也不失為悲壯。這個問題涉及太寬，這裡無法展開討論了。

科舉制廢除在鄉村中的社會後果

　　百年前的清光緒三十一年（約1905年），對中國而言真可以說是多事之秋。那一年發生了許多大事，其中一件影響深遠的大事，就是至少實施千年以上的科舉制被廢除了。以前對科舉制尤其八股取士方式頗有微辭的嚴復在廢科舉的第二年說：「此事乃吾國數千年中莫大之舉動，言其重要，直無異古者之廢封建、開阡陌。造因如此，結果何如，非吾黨淺學微識者所敢妄道。」[1]

　　廢科舉的直接推動者張之洞、袁世凱等疆臣認為：中國在對外競爭中的失敗，是因其教育無當。若科舉不停，則學校不廣，故士心不堅，民智不開，難以進化日新。欲補救時艱，必先停科舉以推廣學校。可知科舉制至少在負面已得到相當的重視，但他們似未看到其正在宣導一項可能是「數千年中莫大之舉動」。[2]

　　的確，科舉制是一項集文化、教育、政治、社會等多方面功能的基本建制，上及官方之政教，下繫士人之耕讀，使整個社會處於一種循環流動之中，在中國社會結構中起著重要的中介和維繫作用。[3] 這

1　嚴復：《論教育與國家之關係》（1906），《嚴復集》，王栻主編，北京：中華書局，1986年，第一冊，166頁。此「大舉動」之說或借鑒梁啟超，梁氏稍早曾說：王安石當年「議建學校，變貢舉，罷詩賦，問大義，此三代以下一大舉動也」。參見梁啟超：《變法通議・論科舉》（1896年），《飲冰室合集・文集之一》，北京：中華書局，1989年，24頁。

2　說詳羅志田：《數千年中大舉動：科舉制的廢除及其部分社會後果》，《二十一世紀》2005年6月號。

3　參見余英時：《試說科舉在中國史上的功能與意義》，《二十一世紀》2005年6月號；

樣一種基本建制的廢除，不啻給與其相關的所有成文制度和更多約定
俗成的習慣行為等都打上一個難以逆轉的句號。當時就有人指出：此
舉「關係於社會者至深。社會行科舉之法千有餘年，其他之事，無不
與科舉相連。今一日〔旦〕舉而廢之，則社會必有大不便之緣」。[4]
這樣一種劃時代的體制變更，產生了涉及各層面的廣泛社會後果。[5]
本文僅就廢科舉對鄉村教育的影響，以及與此密切相關的城鄉疏離、
鄉村中士紳成分的轉換等面相進行一些簡略的探討，較多注重那些反
映趨勢或傾向的現象。

一　對鄉村教育的影響

　　張之洞、袁世凱等疆臣其實也知道：「就目前而論，縱使科舉立
停，學堂遍設，亦必須十數年後人才始盛。」他們不過以為，「如再
遲至十年甫停科舉，學堂有遷延之勢，人才非急切可成，又必須二十
餘年後，始得多士之用」。為了使士人不存「僥倖得第之心」，民間放
棄「觀望」心態以參與私立學堂的建設，故不能不立停科舉。[6]

　　羅志田：《中國文化體系之中的傳統中國政治統治》，《戰略與管理》1996年3期；
Benjamin A. Elman, *A Cultural History of Civil Examinations in Late Imperial China*,
Berkeley, Los Angeles & London: University of California Press, 2000.

4　《論廢科舉後補救之法》，《中外日報》乙巳（1905）年八月十二日，錄在《東方雜
誌》第2年第11期（光緒三十一年十一月），251頁（欄頁）。北京大學的楊琥先生告
訴我，此文是夏曾佑所作。

5　羅志田：《科舉制的廢除與四民社會的解體——一個內地鄉紳眼中的近代社會變
遷》，《清華學報》（新竹）新25卷4期（1995年12月）；《清季科舉制改革的社會影
響》，《中國社會科學》1998年4期；Elman, *A Cultural History of Civil Examinations in
Late Imperial China*, chapter 11.

6　袁世凱等：《奏請立停科舉推廣學校摺》（光緒三十一年八月初二），《故宮文獻特
刊‧袁世凱奏摺專輯》，臺北：故宮博物院，1970年，1991頁。

　　新學堂是否培養出「國家」所需的多士，確須從一二十年以上的長程進行考察，甚或可以不必論清廷本身的存廢。而民間是否能如其所願，因廢科舉而積極參與私立學堂的建設，也還可以推敲。當時即有很樂觀的預測，以為「科舉廢矣，學堂其必勃然興」。蓋上可「以用於科舉之費而用於學堂」，下則「以求於科舉之人才而求於學堂」，學堂之經費和學生都會「頓增無數」；更因此後「出身皆在學堂之內」，故辦學堂者和入學堂者皆「不患其不多」。[7]

　　預測者陳冷（字景韓）後來成為著名報人，那時或尚有些「少不更事」，因為其所想像的「用於科舉之費」實在是個很小的數目。中國傳統政治基本是一個不特別主張「作為」的「小政府」模式，因「作為」方面的要求不高，故產生與此配合的輕徭薄賦政策，不提倡政府與民爭利；而教育體制也與此行政、稅收取向配套，大致符合以農業為主的生產方式，全冊需高投入；不僅民間許多人家可以負擔，政府支出的份額亦甚少。候補內閣中書黃運藩在廢科舉後不久曾說：

> 科舉辦法，士子自少至壯，一切學費，皆量力自為，亦無一定成格……鄉間書塾，每省輒盈千萬。官所經營，僅書院數十區；脩脯膏獎，率多地方自籌；少而易集，集即可以持久，無勞歲歲經營。[8]

　　基本上，科舉體制下的讀書系統是以民間為主的，政府參與不多，支出亦少；而民間也正因耗費不多，才有「鄉間書塾，每省輒盈千萬」的可能。同時，這樣一種低成本的投入，卻可能在社會地位方

7　〔陳〕冷：《時事批評》，《時報》1905年9月6日，1張2版。

8　《候補內閣中書黃運藩請變通學務、科舉與科學並行、中學與西才分造呈》，《清末籌備立憲檔案史料》，北京：中華書局，1979年，下冊，982頁。

面獲取較高的回報。廢科舉當年，夏曾佑便指出：

> 中國之民素貧，而其識字之人所以尚不至絕無僅有者，則以讀
> 書之值之廉也。考試之法，人蓄《四書合講》、《詩韻》並房行
> 墨卷等數種，即可終身以之，由是而作狀元宰相不難。計其
> 本，十金而已。以至少之數而挾至奢之望，故讀書者多也。[9]

雖然在科舉考試中實際獲得功名者是極少數，但體制的開放性仍
在民間士子可望亦可及的程度之內。重要的是，中國傳統教育所需投
資甚低，這是個不容忽視的關鍵因素。但新學制的教育成本則空前提
高，可能遠超出當時中國社會習慣的負荷。如夏曾佑所說：

> 今一旦廢科舉而興學校，其所學者必科學也。一器之費千萬
> 金，一師之俸數千金，此斷非數家之力所能及（此從鄉曲多數
> 立論，非指少數之人與地也），不能不合一縣之力成之。而今
> 之縣，稍有餘力，均已盡於賠款，蓋有欲興一小學堂而不可得
> 者。即興一小學堂，而其力亦不足以養多人（所收學費不能不
> 十倍於平時鄉塾之費）。即以官力助之，今之官力亦能有幾？[10]

黃運藩已指出，過去的鄉村書塾皆民間自辦，並不倚靠官力。而
操辦地方塾館（對應於官立或公立學堂的「私塾」是後起的稱呼）多
為自願或半自願的私人事業，往往以創辦者出資為主，而伴讀或借讀
者所交束脩多帶補充性質，貧富的負擔通常是有差別的；且還有宗族

9　夏曾佑：《論廢科舉後補救之法》，《東方雜誌》第2年第11期，253頁（欄頁）。

10　夏曾佑：《論廢科舉後補救之法》，《東方雜誌》第2年第11期，253頁（欄頁）。

或地方的各類公田及「賓興」等民間建制，對貧寒而真能讀書者而言，上升性社會變動的機會始終存在。新式學堂則較前花費大得多，特別是平白增添了可能是專職的管理人員，資金乃成大問題。更重要的是辦學已成集體或官方之事，這一由私向公的轉變可能減弱民間的積極性。

從光緒初年起長期在京師和地方為官的何剛德說：「科舉時代，懸一格以為招，人人各自延師，各教子弟，國家亦不必人人為之延師也。學堂制興，官立學堂，是官為之延師也。官力不足，失學者多，於是合群力而為私立學堂，是私人代為之延師也。」[11] 他這裡所說「合群力而為」的「私立」，恐怕更多是指晚清的「公立」學堂，非純粹私立者。[12] 不論「官立」還是「公立」，都非讀書之家「自延師」，而是他人「代為之延師」，求學辦學的主動性是有差別的。

山西五臺縣的馬儒行後來也說：「往昔村塾，起於村中有士之熱心宣導，及旁人之欽仰，全係自動的設立，而應鄉間之須要；範圍雖小，然富內在精神。……及晚清初辦學堂，因係出自村人熱心提倡，故亦富活潑精神；民初尚有生氣，及後官府督責加緊，強迫亦力，初時固若進步；然戕賊活氣，外力一退，從而衰頹不振。」蓋「學校歸村公辦，成為照例的故事，與村人無親切之意味」，導致「熱心者亦

---

11 何剛德：《客座偶談》，收入其《春明夢錄·客座偶談》（以下簡作《客座偶談》），上海：上海古籍書店，1983年影印，卷二，頁8B。

12 一九〇二年的《欽定蒙學堂章程》，規定以原有義塾改辦並有常年經費者，名為「公立」；以家塾擴充或塾師設館招生改辦的，名為「自立」；皆收束脩之費。而《欽定小學堂章程》，則州縣所設為「官立」，地方紳商所設為「民立」，後者可借用地方公所祠廟，「官立」者五年內不收束脩。一九〇四年初的《奏定小學堂章程》則規定州縣及大鎮所設為「官立」，以義塾或地方公款、捐款等所辦者為「公立」，一人出資設立，或以家塾擴充或塾師設館招生的名為「私立」，「官立」者永不收學費。各章程均收入朱有瓛主編：《中國近代學制史料》，第2輯上冊，上海：華東師範大學出版社，1987年，157-158、163-164、175-176頁。

怠於提倡，即提倡人亦疑畏不前」，終不能不日漸衰頹。[13] 這雖只是一個村的經驗，但其關於辦學動力內在和外在的區分，與何剛德所說的自延師和代為延師，可相印證。

後來也有學者對那時士紳辦學的積極性進行了「理性」分析，如市古宙三認為，本來反對廢科舉的士紳此後則頗識時務，另關辦學堂之途以保存其特權，對此非常熱衷，甚至不惜自己出錢辦學。[14] 當年的士紳群體是否能將「保存特權」提升到意識層面，及其是否有基本一致的群體行動，我尚存疑；更可能是其中的一部分反對廢科舉，一部分支持辦學堂。一些人確曾一度積極參與辦學，[15] 惟其熱情似乎僅維持了很短一段時間。幾年後有人「證諸各地實在狀況」總結說，廢科舉次年，興學之風「大盛，各處學堂，以是年創設者，不可屈指計。以今觀之，自興辦學堂以來，此年之進步，可謂一躍而至極點矣。自是至今，細察各處學堂之狀況，則著著退步，大有一落千丈之勢」。[16]

---

13 馬儒行：《述吾鄉之小學教育及民眾教育——山西五臺縣永興村二十餘年來之新教育》，《鄉治》2卷2期（1931年6月18日），2-3頁。

14 市古宙三：《1901-1911年政治和制度的改革》，費正清、劉廣京編：《劍橋中國史》，第11卷，北京：中國社會科學出版社1993年中譯本，440-441頁。按這是市古先生持續的看法，他曾從清末紳權擴張的視角論證當年士紳頗能抓住新的機會，故廢科舉後不僅未受大影響，且日子比以前似還更好過，且直到一九四九年都基本維持其原有的社會地位。參見Ichiko Chuzo, "The Role of the Gentry: An Hypothesis," in Mary Wright, ed., *China in Revolution: The First Phase, 1900-1913*, New Haven and London: Yale University Press, 1968, pp. 297-317. 不過，該書的編者芮瑪麗當時就表示，雖然市古先生的論點表述十分得體，但她本人所見史實並不支持這一見解。參見Mary Wright, 「introduction,」 in idem ed., *China in Revolution*, p. 40.

15 參見桑兵：《晚清學堂學生與社會變遷》，上海：學林出版社，1995年，139-146頁；趙利棟：《1905年前後的科舉廢止、學堂與士紳階級》，《二十一世紀》2005年6月號。

16 本段與下段，《論我國學校不發達之原因》，《申報》，1909年5月24日，1張3版。這位觀察者並對新舊書商進行了調查，賣書者說，「各種教科書之銷路，以丙午之春

　　而其所列學堂衰落的第一原因即「辦學經費之無從籌措」，與陳景韓的預測大相徑庭。當年除少數官立學堂經費較有著落外，公立者勢必涉及地方「公款」的支用。私立者除換湯不換藥一類學塾改辦者外，真正要達到官府規定的水準，開辦費至少需銀數千兩，[17] 用於平時開支的「每年經常費至少必一二千」兩。以這樣的規模言，有能力「不惜自己出錢」的士紳恐怕屈指可數。通常也只能是先集資創辦，後因無力維持，「遂不免要求地方公費之補助。但地方公費各有所歸，必無閒款可以指撥；即有可歸學務上動用者，亦已為官立、公立各學堂挹注，必無餘力再及於此。其結果遂以無補助而至停辦」。

　　地方公費的處理是轉型社會中最為敏感的問題之一。近代公田各地皆有，比例不一；受到外來衝擊相對少的地方，公田比例可能很高，如毛澤東一九三〇年調查的尋烏縣，那時公田比例仍高達全部耕地的百分之四十，其中百分之六十為族產，百分之二十為與信仰相關的廟產，百分之十為學田，還有百分之十為橋會、路會、糧會一類的社會公益田地。[18] 這類田產的收支有「公堂」一類機構處理，過去多

　　（即停科舉之翌年）為最佳，自是至今，江河日下，大有不可終日之勢」。而《論語》、《孟子》等舊書，在興學堂後本「銷路大減，至停罷科舉後，其減益甚；一二年前稍稍增多，年來已復其舊矣」。書籍銷售情形與學堂的盛衰大致相符。

17 當年辦學相對奢侈，四川總督趙爾巽在宣統二年正月致函學部說，「從前初辦學務，多於表面上注意」，糜費甚多，若不糾正，「不獨將來學務無自擴充，即已成立之學堂，亦有不能持久之勢」。故他已飭四川學司擬定整理學堂收支章程，經其「酌量裁節」後的學堂建築經費，仍為「各初小學堂之建築費，至多不得過二千兩，高等小學堂不得過三千兩，高初兩等同設不得過四千兩，中學堂及與中學同等之學堂不得過八千兩」。可知當年開辦一學堂至少需銀數千兩。見「川督趙爾巽致學部函」，宣統二年正月二十四日；及所附「督部堂趙限制各學堂建築及歲修各費不得任意濫用令（附簡章）」，宣統元年八月，趙爾巽檔案，中國第一歷史檔案館藏，卷宗號474。此條材料承徐躍提示。

18 毛澤東：《尋烏調查》（1930年），《毛澤東農村調查文集》，北京：人民出版社，1982年，105-112頁。按尋烏的情形可能有些特殊，如興國縣的永豐區，此時公田的

由士紳管理，但其用途也已大致固定，要大量轉用以辦新學堂，很容
易引起糾紛；後來頻繁發生的「毀學」事件多半因此而起，大致也是
導致新學堂發展停滯的一個因素。[19]

另一項陳景韓的想像性預測，即來學者眾，也未必如其所想。官
立學堂及待遇同官立的公立學堂，想入學者往往趨之若鶩。但那畢竟
是少數，容量有限。且也有例外，主政陝西的樊增祥於廢科舉後兩年
說，西北辦學堂有兩難：一無教習，「既改書院為學堂，則鄉塾師不
任教育，當取稍習時務者為之師。而天文、輿地、西文、西語，就地
取材，百不獲一；聘之遠方，無此力量」。二乏學生，「通都大邑，招
考誠不乏人；若荒僻小縣，秀才猶不知書，而況童稚」。[20] 若一般私
立小學堂，則即使不收費，有時也存在生源不足的問題。

有位關心學務的觀察者於光緒三十四年冬調查了南方某縣鄉間的
辦學情形。經費不足是明顯的，但更大的困難是招生。學校初設時，
「亦嘗貼廣告於通衢，招人就學。乃待之許久，初無來校報名之人。
校董不得已，則擇其家有子弟、而其力又足使之就學者，親往敦勸，
許以不收學費。然猶應者十一，拒者十之九」。這些不欲子弟讀書者
約分三類，或以為「科舉已廢，吾家子弟可不必讀書」；或懷疑「君
等開設洋學堂，殆將引誘我家子弟，使吃洋教」；還有的擔心初以不
收學費相引誘，到第二年即會要求出學堂捐。雖顧慮各異，「而其不
願子弟就學則盡同」。由於此校董乃「鄉中董事，頗有勢力。鄉人仰
仗之處正多，不敢過拂其意」，結果招致學生二十餘人，「然推其本

比例就僅占耕地的10%。參見毛澤東：《興國調查》（1930年），《毛澤東農村調查文
集》，199頁。

19 清季大量「毀學」事件，中外論著多所論及，特別阿部洋的《中國近代學校史研
究——清末じぉける近代學校制度の成立過程》（東京：福村出版株式會社，1993
年）的第四章對清末各地毀學情形進行了細緻的分析。

20 樊增祥：《批郃陽縣仇令稟》，《樊山政書》，宣統庚戌（約1910）刊本，無出版地，
卷十，頁17。

心，乃迫不得已，特以此為酬應校董之舉」耳。[21]

可知對讀書前景的失望和對新體制不信任是家長不欲子弟上學的重要原因。稍後也有人觀察到，當時很多人對新學堂「猜疑不信」，尤其對那些與前不同的教學方法有所疑慮，故將新學堂「目之為洋學堂」，而將其教法「名之曰洋教法」。甚至以為「習體操也，謂將練習飛簷走壁，以為竊盜之預備；學唱歌也，謂將練習吹彈演唱，以為優伶之預備；信口詆謗，無所不至」。儘管子弟入學堂的總數「逐漸稍增，亦以大勢如此，不得不然耳」。有些人「子弟雖在學堂，而其詆毀學堂仍如故」。[22]

清季設學堂時，對各級畢業生都有相應的「獎勵」措施，可授以適當的功名，學歷高者尚可能得到實職。但或者這些條款宣傳得不夠廣泛，或者鄉民對新政缺乏實際的信任，以中國傳統對讀書的重視，一些鄉民竟然謝絕免費讀書的機會，科舉制廢除對社會及大眾心態的衝擊強度，似乎還在我們過去認知之上。或因民間有這樣的心態，廢科舉不過幾年，學堂與私塾竟又形成競爭局面，有時私塾還略占上風。宣統三年即有人注意到：「昔之學生，大抵出私塾而入學堂；今之學生，乃有出學堂而入私塾者。」[23]

大約同時《申報》一文也說：在學堂與私塾的競爭中，「入學堂

---

21 問天：《述內地辦學情形》，《教育雜誌》第1年第7期（宣統元年六月），臺北：商務印書館，1975年影印，620頁。

22 《論我國學校不發達之原因》，《申報》，1909年5月24日，1張3版。按體操、唱歌等是體現當年學堂之「新」的象徵性學科，不同地方不同的人反應不一，如山西舉人劉大鵬就把體操課視為「師弟無等級，將讀書氣象全行掃除」的表徵；而錢穆所在的無錫蕩口鎮之果育學校，「老師教文史者，初不太受人特別重視」，而「體操、唱歌先生，則尤為一校乃及一鎮之眾望所歸」（劉大鵬：《退想齋日記》，喬志強標注，太原：山西人民出版社，1990年，1907年8月25日，162頁；錢穆：《八十憶雙親・師友雜憶》，北京：三聯書店，1998年，45頁）。

23 又人：《教育雜感》，《教育雜誌》第3年第3期（宣統三年三月），2526頁。

者既多，私塾自歸消滅，此固一定不易之理。但默察近年來情形，則有大不然者。即學堂日漸退步，而私塾反日漸進步」。有些塾師原已「翻然變計，閱新書、學師範，投入學界而掌教學堂」，但「近年來因學堂日見減少，教習之人浮於事也，亦有仍退居私塾者」；學生也不乏「原在學堂者後亦改入私塾」。這還是「就蘇、常諸郡風氣早開之地言之，其他荒僻之地，更不知何如」。而「私塾之所以受社會之歡迎」，也因辦學較具彈性，其「善趨時尚者」，教學內容「亦添入算學、圖畫等科」。這類「不新不舊之教法」，頗「能迎合多數人之旨趣」。而新學堂則遵循西式作息制度，又收取各類額外雜費，乃「大招社會一般人之厭惡」，反助私塾「日漸發達」。[24]

這樣一種親私塾遠學堂的風氣至少在農村是長期延續的，二十世紀二〇年代毛澤東看到的湖南農民，對「洋學堂」仍然是「一向看不慣」。因為「鄉村小學的教材，完全說些城裡的東西，不合農村的需要。小學教師對待農民的態度又非常之不好，不但不是農民的幫助者，反而變成了農民所討厭的人。故農民寧歡迎私塾（他們叫『漢學』），不歡迎學校（他們叫『洋學』）；寧歡迎私塾老師，不歡迎小學教員」。[25] 又約十年後，有人對江蘇江寧縣淳化鎮進行調查，農民仍然認為「新式學校是洋學校，所讀的書是洋書，多不適合他們的需要」，故許多人寧願把孩子送入私塾。[26]

---

24 《論我國學校不發達之原因》，《申報》，1909年5月24日，1張3版。按學堂與私塾並非只有競爭的一面，有時也有互補的一面，民初不少新人物也常進出於學校和私塾之間。

25 毛澤東：《湖南農民運動考察報告》，《毛澤東選集》（一卷本），北京：人民出版社，1968年，39-40頁。

26 喬啟明：《江寧縣淳化鎮鄉村社會之研究》，南京：金陵大學農學院，1934年，17頁。轉引自馬俊亞：《民國時期江寧的鄉村治理》，收入徐秀麗主編：《中國農村治理的歷史與現狀：以定縣、鄒平和江寧為例》，北京：社會科學文獻出版社，2004年，352頁。

　　而廢科舉者最關注的人才培養，至少在從政方面，其後幾年間的成效也不理想。梁啟超在一九一○年指出，當初廢科舉，乃「欲舉天下之仕者盡由學校，意誠善也。然以今日教育現象論之，欲求完全之大學卒業生以為用，未知期以何年」？為更有效地選任官吏，梁氏乃「悍然曰：復科舉便」！當然，其實際的建議是採取一種類似科舉的開放性考試選官制度。[27] 這也提示出，儘管清廷在廢科舉後採取了一系列措施安置既存有功名者，這類舉措似乎並不成功。

　　與前引嚴復所論相比，梁啟超對科舉制的重新反省要徹底得多。[28] 中國傳統政治從思想觀念到實際治理的方式都有其發生發展的統系，且有其社會基礎。古人以為，實際的政治管理必須在教化可及的基礎上。即賈誼所說的「有教然後政治也，政治然後民勸之」。同時，由教及政的觀念也逐漸社會化，成為上升性社會變動的主要途徑。落實在體制上就是從漢代發端到唐宋成熟的通過考試選官的科舉制，任何編戶齊民只要能通過一定層次的考試就可以擔任一定級別的官員，這樣一種「布衣卿相」的夢想曾經是四民之首的士和可望進入士階層的鄉村農業中產階級的持續追求，可以說是典型的「中國夢」。[29]

---

27 參見梁啟超：《官制與官規》（1910年），《飲冰室合集・文集之二十三》，63-69頁，引文在64、68頁。

28 可比較梁啟超自己早年所說：像「廢八股為策論」，甚或他日「廢科舉為學堂」一類作為，雖可以算「改革」，但也不過是「補苴掇拾一二小節」；要解決中國的問題，必須實行他所謂「從根柢處掀翻之，廓清而辭辟之」那種「大變革」，亦即英文 Revolution 之意。梁啟超：《釋革》（1903年），《飲冰室合集・文集之九》，41-44頁。

29 布衣卿相的夢想常常更簡單也更理想化地表述為「耕讀」，反映出農耕是以「衣冠禮樂」為表徵的整體性華夏「聲教」的最重要基礎。即使在通常被納入華夏文化圈的東南，在農耕非主要生產方式的一些沿海地帶，其上升性社會變動的選擇就比通常嚮往的「耕讀」要寬，似乎也不時伴隨著比一般農耕區域更強的怪力亂神成分，詳另文。

　　當然，科舉制的開放性很多時候是理想大於實際的；且隨著中式者的積纍，獲得舉人以上的士人中也只有一小部分人真能得官。但正如前引夏曾佑的文章所說，這樣明知有些僥倖的體制「足以相安千餘年而不見其不可終日者，則以若輩雖多終身不得之人，而要無日不有可得之理，故其希望之心不絕。即此希望之心，彼乃藉此以養生盡年，而得以優遊卒歲矣」。[30] 伴隨著不甚高之教育投入的是上升性社會變動的不絕希望，正是科舉制保障了這一夢想的持續，並以一定數量的成功範例鼓勵之。

　　我們切勿低估這樣一種體制保障帶來的社會後果，據毛澤東在一九三〇年以口述採集的方式進行的調查，江西尋烏縣的教育水準相當高，全縣識字率達百分之四十，因女子基本不識字，男子識字率可能高達百分之八十。到一九三〇年時全縣雖僅有舉人一人，卻還有四百個秀才，即平均每千人中有秀才四個；且其分布相對較均衡：「南八區車頭鄉二千人中有秀才九人，也算是很多的；南八區龍圖鄉一千四百人中有秀才二個，則算是少的。」可知秀才多的地方也不過略高於平均數而已。這裡的新教育也有一定成效，全縣十萬人口中有初小學生五千人（5%）、高小學生八千人（8%）、中學生五百人、大學生三十人，還有六個出洋學生。[31]

　　尋烏這樣的教育水準部分或因其公田比例甚高，似有些世外桃源的感覺。另一湖南人楊開道在一九二七年曾說，中國「一百個農民裡頭，不過有五六個人能識字；至於受過普通教育的人，則不過一個二

---

30 夏曾佑：《論廢科舉後補救之法》，《東方雜誌》第2年第11期，251-252頁（欄頁）。

31 毛澤東：《尋烏調查》，《毛澤東農村調查文集》，159-163頁。關於男子識字率是採信毛澤東文字表述得出的比例，不排除他可能有筆誤，若是那樣，百分之四十僅指男子的識字率。

個罷了」。故「農村社會裡面的人民，多半沒有知識」。[32] 楊氏是專門研究農村的社會學家，其所說與尋烏的現象相去太遠，究竟應採信何者呢？一方面，應充分考慮中國的「地大物博」，尤其在公路和鐵路尚少、機動車僅為少數人使用的時代，各地情形可能很不一樣，區域性的差異和多樣化是非常實在的。另一方面，像楊氏這樣的留學生常據其所學的西方資料來認識中國社會，實際僅處理有限的區域，復推而廣之，故其所論未必具有代表性。

更接近實際的狀況或許是，像尋烏這類地處贛、閩、粵三省交界處的偏遠地區，一般或視其為「落後」的典型，但在大變動的時代，反可能是一個「禮失求諸野」的代表，即表現出那些交通更便利的地區一二十年前的狀況。也就是說，在很多鄉村，識字率雖未必低到百分之五六，但讀書人的數量日益減少、平均識字率逐漸降低應是一個相對普遍的傾向。尋烏的初小學生人數大大低於高小學生，也提示著一種可能性，即別處已發生的情形開始在這裡重複了。[33] 這一傾向的形成，與廢科舉是有一定關係的。

梁啟超說，科舉制「實我先民千年前之一大發明也。自此法行，而我國貴族、寒門之階級永消滅；自此法行，我國民不待勸而競於

---

32 楊開道：《我國農村生活衰落的原因和解決的方法》，《東方雜誌》，24卷16號（1927年8月25日），5-6頁。

33 例如，據1920年初出版的《山東各縣鄉土調查錄》，地處交通要道的山東泰安縣約六十萬人，在國民小學和代國民小學就讀的學生約一萬二千人，其總數約與尋烏縣的小學生持平，而其人口則是尋烏縣的六倍，受教育的比例就差得遠了（轉引自陶飛亞：《中國的基督教烏托邦——耶穌家庭（1921-1952）》，香港：中文大學出版社，2004年，19-20頁）。又如，應更發達的江蘇江寧縣，據二十世紀三〇年代縣政府的《江寧縣政概況》，常住人口中，男性文盲為82.2%，女性文盲98.7%。外出人口中，男性文盲為63.9%，女性文盲為87.7%（轉引自馬俊亞：《民國時期江寧的鄉村治理》，收入徐秀麗主編：《中國農村治理的歷史與現狀：以定縣、鄒平和江寧為例》，353頁）。

學」。[34] 但隨著「布衣卿相」夢想的保障不再，而新式教育的投入又日益昂貴，鄉村中人讀書的願望減低（如前述一些家庭寧願放棄免費讀書的機會），而讀書的代價則增高，那些仍希望走此路的寒門之家比過去更困難了：清季官立學堂雖不收費，但辦學層次較高，數量亦少；而民間之塾館改為學堂者，基本是收費讀書，且因變為他人「代為之延師」，就學者的花費多是平均分攤的。[35]

何剛德看到了今昔的重大差別：「從前寒士讀書，無所謂學費也。且書院膏夥，尚可略資以津貼家用。今則舉學中田產，悉數歸入學堂；而學生無論貧富，一律取費；且膳宿有費，購書有費，其數且過於學費。」據其觀察，因學制轉換而造成的中國人「失學之數，至少亦在百與五之比例。此九五之數，國家欲擴充學堂，徐補此闕，力必不足；若用強迫手段，使此九五之數各自謀學，勢更不行」。即使還有出洋留學一途，然「出洋之由於官費者，寥寥無幾；其自費之費，即千金之家，亦必裹足」，一般寒士是難以企及的。[36]

這樣，新學制最大的問題，就是貧寒而向學之家的子弟失學愈來愈普遍。還在廢科舉前兩年，陳黻宸在和孫寶瑄論及擬議中的廢科舉時就說：「學校興辦不善，科舉豈可驟廢。科舉廢，天下更少讀書人矣！今之學校，非強有力者、廣通聲氣善鑽營者，往往不能入。此種學校何益天下！使並科舉廢之，而天下寒賤之士缺望，將皆廢書不觀

---

34 梁啟超：《官制與官規》，《飲冰室合集‧文集之二十三》，68頁。

35 只有在民間調適力量較強的鄉村社會或仍可調劑之，如民初山西五臺縣永興村的學費便「仍照舊例，按貧富出錢。先規定某年級若干，次以貧富增減之」。其「學費多寡，由村長、學董所定」。學生家庭「較豐者出三四元，貧寒者一元上下」。參見馬儒行：《述吾鄉之小學教育及民眾教育》，《鄉治》2卷2期，2頁。但這主要取決於當地民間的社會調適力量，各地差距可以甚大，有較強的偶然性。

36 何剛德：《客座偶談》，卷二，頁8B-10B。

矣。」[37] 廢科舉後，舉人李蔚然也指出，科舉誠多弊端，但尚能「公平」對待貧富。而「今學堂學生，近城鎮者入之，僻遠不與；有勢力者入之，寒微不與」。[38] 兩人皆觀察到新學制對貧寒之家的實際排斥現象，而李蔚然更預見到後來日漸明顯的城鄉差別。

二　城鄉疏離與鄉居菁英的流向城市

廢科舉一個影響深遠的社會後果即中國的城鄉漸呈分離之勢。傳統中國士人以耕讀為標榜，多數人是在鄉間讀書，繼而到城市為官。舊制做官的讀書人，或候缺或丁憂或告老，多半要還鄉。新制則「學生」與城市的關聯越來越密切，而與鄉村日益疏遠；大學（早期包括中學）畢業基本在城市求職定居，甚至死後也安葬在城市，不像以前一樣要落葉歸根。前者不止是人員的流通，它還意味著信息、資金等多管道的流通，使整個社會處於一種循環的流動之中。後者實際意味著以前整個社會的循環流動在很大程度上逐漸衰歇，並走向中止（這當然有個過程，且各地情形不一）。

廢科舉後不久，即有人擔心，「吾國官無大小，所居者城市也。今日大聲疾呼爭權利以興學者，皆城市之民也」。官立和層次較高的公立學堂也多在城鎮，即使「偶有一二富鄉，搜集種種捐款，建設一二學堂，所教者紳族也、富室也；林林萬眾，裹足不入」。若「長此不改，一二年後，城市大鄉，貴族學校林立，官可以報績，紳且據以自豪」，而鄉間恐怕「除百一紳富家外，大多數學齡童子皆將不識一丁」。鄉村「讀書種子既絕，而市民、非市民之階級，由此永分：市

---

37 孫寶瑄《忘山廬日記》，上海：上海古籍出版社，1983年，光緒二十九年閏五月初三日，700-701頁。

38 《舉人李蔚然請變通整頓學務呈》，《清末籌備立憲檔案史料》，下冊，985頁。

民之學堂日益增多，非市民之負擔日益增重；市民有權利而無義務，非市民有義務而無權利」；其潛在的禍患難以量計。[39] 這一擔憂與前引舉人李蔚然的觀察是吻合的。

二十多年後，黃炎培總結說，科舉制在歷史上的好處，即在使「貴族教育移到平民教育身上」；科舉既廢，教育本應更加平民化，然興學校的結果，「轉不免帶多少貴族教育的意味」，為「科舉時代所料想不到」。主要即體現在「學校的設置既偏於都市，學費的徵取更足使中等以下社會人家無力送他的子女就學」。[40] 教育的城鄉差別當然並非只有負面的結果，有些人反可能從中獲益。安徽鄉間私塾尚未沾染口岸風氣的傳統蒙學教育，對少年胡適就曾大有幫助，使他得以在上海的新學堂連續跳級。[41] 但多數人對新學堂的體驗似不那麼理想。

傳統教育不僅投資極低，其「應用」亦甚廣，低層讀書人多可留在本地任塾師或從事一些地方事務。而新學制不僅教育成本激增，產出之學生卻多顯得「無用」。民初山西五臺縣永興村的鄉民即說：

> 民國的書房，真是討厭！娃們念的書，今年這樣，明年那樣，換的真熱鬧，也不見念成一個。看人家前清時候，書房裡念的書，不只是哥哥念了兄弟還能念，就是爹爹念了兒還能念，爺爺念了孫子還能念哩。書老不換，人家還進秀才、中舉人；現在書倒換的勤，也不見念成一個呀！[42]

也許新學堂教科書的更換頻繁這個現象在山西特別明顯，太原縣

---

39 胡爾霖：《擬上學部條陳》（1908年），收入朱有瓛主編：《中國近代學制史料》，第2輯上冊，277頁。

40 黃炎培：《中國教育史要》，上海：商務印書館，1939年，萬有文庫本，序言6頁、144頁。

41 參見羅志田：《再造文明的嘗試：胡適傳》，北京：中華書局，2006年，41-45頁。

42 馬儒行：《述吾鄉之小學教育及民眾教育》，《鄉治》2卷2期，1頁。

的前清舉人劉大鵬更早就注意及此，他說：「鄉村之學堂，現名為國民小學校。兒童所讀者，皆是教科書。然教科書之本，亦無一定標準，年年更改。」[43] 劉成禺所見則相反，在他眼中，後來的新學校才是「無論貧富雅俗，小學課本，教法一致」；傳統童蒙教育的內容卻是有差別的：各蒙館最初多授以《三字經》、《千字文》等，但書香世家此後就開始傳授「四書」白文，逐漸過渡到八股試帖一類「舉業」；而「市井鄉村貧窮兒童」等則繼之以《四言雜字》一類，期「能識日用字，寫柴米油鹽賬而已」。[44]

這些不同的觀察不排除地區差異的存在，但在很多地方，教育是否那樣重實用也還值得進一步考察。前引《申報》之文就指出，舊時蒙館所教讀者，從方塊字、《三字經》到五經古文等，「讀書數十種，費時五六年」，多為「所學非所用之物」，除「號為士者，尚稱有用」外，其餘「為商為工為農者，則於此等書籍毫不相關」。作者認為，如此「誤人子弟之教法，一經道破，無有不恍然思返者」；但實際的情形是，由於「相沿已久，人竟深信不疑，絕不究其實效之如何」。該文將此歸咎於「科舉之錮習，深入人心已數百年」，非一朝一夕所能「劃除而悉去之」。[45]

其實恐怕不是那麼簡單。中國古有「遠人不服，則修文德以來之」的說法。究竟何謂「文德」固可以有各種解釋，但多少總帶點兒「知識就是力量」那一西諺中「知識」所具的「力量」之意味。在真正「士為四民之首」的時代，如劉大鵬所言，士人「平居鄉里，所言所行，使諸編氓皆有所矜式」；[46] 身為楷模的士人觀念對追隨的大眾

---

43 劉大鵬：《退想齋日記》，1921年2月16日，286頁。
44 參見劉成禺：《世載堂雜憶》，瀋陽：遼寧教育出版社，1997年，2-3頁。
45 《論我國學校不發達之原因》，《申報》，1909年5月24日，1張3版。
46 劉大鵬：《退想齋日記》，1897年2月16日，69頁。

具有相當的權威性，士人推崇的「知識」對老百姓未必很實用，卻得到他們的承認，因而也具有影響力。[47]

民國《霸縣新志》說：「二十年前鄉間子弟得一秀才，初次到家，不特一家人歡忻異常，即一村及鄰村人皆歡迎數里外。從此每一事項，惟先生之命是從。先生一從都邑回家，則必聚而請教。即先生有不法事項，亦無敢與抗者。自科舉停，功名人不出，其視舊功名人又如彞鼎圖書，以為不可多得，親敬更甚於前。」至於「一般新界人，其自命亦頗覺與舊功名人相抗」，然一般鄉民對其「敬心終不若」，蓋「不知其讀書與否，故其心常不信服也」。[48] 這裡「不知其讀書與否」一語頗具深意，通常「新界人」多是受了些教育的，但地方老百姓恐怕不承認其所學為「讀書」。

彭湃在一九二六年也注意到，鄉村私塾中的八股先生教小孩讀「關關雎鳩」、「子程子曰」等，「不會念的就罰跪、抽藤條、打手板、夾手指等酷刑，簡直只有把這小孩們快點弄死罷了。然而農民們不但不以為怪，並說這個先生明年還要請他再幹」。到縣教育局將其換為師範生或中學生，「今日教什麼算學，明日教什麼格致，再教什麼歷史、地理、古文、體操；廢止了野蠻的酷刑，而用文明的面壁、記過和扣分。表面上多麼好看」，結果念書的小孩們反而懷念以前的私塾，以為那時「沒有這樣多麻煩和苦惱」。[49]

---

47 而且，在四民「分工」意識被實際接受的社會裡，讀書多為求仕途之「上進」，無意此途的農民通常缺乏需要識字、算帳的「自覺」，而將此功能劃歸讀書人。這是民初鄉村教育總不那麼成功的一個重要原因，詳另文。

48 《霸縣新志・禮俗》，1934年鉛印本，轉引自魏光奇：《官治與自治──20世紀上半期的中國縣制》，北京：商務印書館，2004年，362頁。

49 彭湃：《海豐農民運動報告》（1926年），《彭湃文集》，北京：人民出版社，1981年，110頁。按《海豐農民運動報告》至少有兩種版本，文集稱其所據是廣東省農民協會1926年10月出版的單行本，本文所引這段敘述在稍早《中國農民》刊出的《海豐農民運動報告》中尚不存在。

　　約十年後，有人到鄉村中實地考察「現在一般未曾受過教育的人
對於知識階級所抱的」態度後說：「過去鄉村中，秀才先生或書塾老
師有極大的潛勢力。他是一鄉中的審判者，一鄉中的號令者，一鄉中
的指揮者；他是一鄉中所『佩服』的人；假如這位秀才先生或鄉塾老
師，果真是道德高尚，則他的話差不多即可成為號令。」村中如有爭
議，「往往請求他去批判」；有「新事情發生了，則一般民眾大都不約
而同去聽受他的意見」。後來學校畢業的學生則不然，「雖則現在一般
知識界的學問、理解力較之過去均屬優良，但鄉村中人士對於他們卻
全抱著不信任的態度、懷疑的心情；不但不願聽他們的話，簡直亦不
敢聽他們的話」；實即鄉民「懷疑知識界，不信任知識界」。[50] 在作者
的新眼光中比過去更優良的「知識界」，卻得不到一般鄉民的信任。

　　鄉民對新學的不敬有時也因物質方面的不滿，如彭湃所注意到，
與縣教育局派來的新教師相伴隨的，是「增加了學生的學費，附加了
什麼農產品的捐稅」。[51] 另一方面，新學堂改體罰為記過、扣分等方
式不受農民青睞的原因似更複雜。前引晚清的觀察說，由於家長視子
弟讀書為虛應故事、或酬應校董，則學生來學本非自願，而教書職位
卻是教習的飯碗，遂形成一種「教員對於學生，方煦嫗拊循之不暇，
奚敢開罪學生」的新現象。[52] 在此情形之下，由來已久的「尊師」傳
統勢將難以為繼，也不排除有農民將廢體罰視為教師有求於人而不得
不「示弱」的表現。

　　如馬儒行所說，過去塾館的老師是請來的，「東家待師隆重，徒

---

50 鮑祖宣：《國難時期的婦女教育》，《女子月刊》，4卷1期（1936年1月），26頁。王奇
　　生在其《民國時期鄉村權力結構的演變》中已引用此文部分內容，收入周積明、宋
　　德金主編：《中國社會史論》，武漢：湖北教育出版社，2000年，下卷，558頁。

51 彭湃：《海豐農民運動報告》，《彭湃文集》，110頁。

52 問天：《述內地辦學情形》，《教育雜誌》第1年第7期，621頁。

弟對師恭敬，先生亦感快愉」。且「生徒之成績佳否，即知先生之教訓勤惰。所賺束脩，不過應得之報酬，非其主要目的為賺錢也。社會上對之，亦甚隆禮。其人人格正直，則賺錢雖少，人亦優禮看顧」。自學校歸村公辦，即他人代為延師，「先生成為雇工，學生本強迫而來」，師徒關係通過中介的「學校」而建立，與前大異。因「待師之禮既薄」，老師「教生之心自冷」，也不如從前負責了。[53]

我要重申，中國的地大物博非常實在，不同地區可以差異很大。錢穆在無錫蕩口鎮果育學校讀書時，全鎮之人「對果育諸師長皆備加敬禮」。且此尊敬是從私塾延伸而來，「其時科舉初廢，學校初興，舊俗對私塾老師皆知敬禮，今謂新學校尤高過舊私塾，故對諸師敬禮特有加」。新尊敬超過以往的一個例子是：該校唱歌先生華倩朔每周往返於蘇州無錫間，每當其歸舟駛過全鎮時，「鎮人沿岸觀視，儼如神仙自天而降，其相重視有如此」。[54]

但在其他很多地方，鄉民對新舊教育的「信任」的確不同。彭湃在一九二六年說：「農民的思想一半是父傳子子傳孫的傳統下去，一半是從戲曲的歌文中所影響，而成了一個很堅固的人生觀：以反抗（革命）為罪惡，以順從（安分）為美德。」就教育而言，「舊教育（如滿清時的八股先生）教其安分守己、順從地主、尊崇皇帝，為農民所最歡迎；如新教育反抗命運風水……等時，都為農民所討厭」。[55]

---

53 馬儒行：《述吾鄉之小學教育及民眾教育》，《鄉治》2卷2期，2-3頁。

54 錢穆：《八十憶雙親‧師友雜憶》，54頁。本文兩引錢穆的見聞，皆與他處不同，錢先生對中國傳統文化的感覺比一般時輩更好，或也來自其與眾不同的經歷乎？

55 彭湃：《海豐農民運動報告》，《中國農民》，第1期（1926年1月），59頁。劉大鵬幾乎同時的觀察很能印證這一見解：該鄉的官道社演唱傀儡小戲，「每戶出錢至三元、五元不等，率皆情願」；而由村公所分攤捐款，「每戶一元、兩元，上戶則七八元、十數元不等，乃竟未免有怨聲」，村長不得不尋求他這樣的士紳來幫助解決困難。劉大鵬：《退想齋日記》，1927年5月2日，353頁。

　　新學在鄉間得不到「信任」，自容易導致新學生在鄉村中不受重視。胡適在一九一八年注意到：「如今中學堂畢業的人才，高又高不得，低又低不得，竟成了一種無能的遊民。這都由於學校裡所教的功課，和社會上的需要毫無關涉。」[56] 這個狀況是持續的，約三十年後，傅斯年仍說：往昔科舉制也造遊民，然為數不多；今「學校承襲科舉制造遊民，效能更大。學校越多，遊民越多；畢業之後，眼高手低，高不成，低不就，只有過其斯文的遊民生活，而怨天怨地」。[57] 如果一個中學生什麼都不能做（有些事或亦其不願做[58]），便不能不追求更高的學歷或到外頭去討生活。[59]

　　廢科舉後二三十年間，鄉村新式讀書人離村的現象是明顯的。彭湃在一九二六年說：「廿年前，鄉中有許多貢爺、秀才、讀書六寸鞋斯文的人。現在不但沒有人讀書，連穿鞋的人都絕跡了。」[60] 楊開道大約同時也觀察到，一方面是農村最缺「領袖人才」，而鄉村讀書人向城市浮動已成「普通潮流」：「一般有知識的人，能作領袖的人，都厭惡農村生活，都拋棄農村生活到城市裡去。農村社會費了金錢來教育他們的優秀分子，本想他們來作農村社會的領袖，來作農村社會的

56　胡適：《歸國雜感》（1918年1月），《胡適文存》，上海：亞東圖書館，1920年，卷四，10頁。

57　傅斯年：《中國學校制度之批評》（1950年），《傅斯年全集》，長沙：湖南教育出版社，2003年，第5卷，193頁。

58　何剛德就說，科舉時代，「秀才訓蒙學，資館穀以終身；卒未聞大家有鬧飯者。知吃飯之人必須安分，否則未聞有不亂者也」。他任江西建昌知府時，「盱江書院生員膏夥月六百文，童生三百文。余嫌其太薄也，乃捐廉加倍給之；汝們月得千二百文，或六百文，皆喜形於色，優遊過日」。到「民國元、二年，機關林立，學生得事較易，而俸薪皆百數十元不等」。結果大大提高了學生的期望值，後來雖已「事少人浮，而謀事者仍不肯貶格小就」；對每月「十餘元館地，個個以為不滿意」，仍「非百數十元不可」。何剛德：《客座偶談》，卷二，頁12B 、7A-8B。

59　此點承王汎森先生提示。

60　彭湃：《海豐農民運動報告》，《中國農民》，第1期（1926年1月），54頁。

改造者；但是他們放棄了他們的責任跑了，剩下一班沒有知識的農民，教他們怎麼樣能改善他們的生活？」[61]

梁漱溟一九二九年從廣州北上，考察了江蘇崑山、河北定縣及山西太原等地，他也發現：「有錢的人，多半不在村裡了。這些年內亂的結果，到處兵災匪患，鄉間人無法安居，稍微有錢的人，都避到城市都邑，或者租界。」同時，「有能力的人亦不在鄉間了，因為鄉村內養不住他，他亦不甘心埋沒在沙漠一般的鄉村，早出來了」。[62] 因內亂離村只是原因之一，更多人可能是到城市去尋求發展的機會。這些人當然不盡是讀書人，但讀書人的比例較高，如前引江蘇江寧縣的統計，常住人口中男性文盲為百分之八十二點二，外出人口中男性文盲僅為百分之六十三點九，便可見一斑（此數字未必準確，但同一統計者據同一標準所得到的比例，應可借鑒）。

當時上海《民國日報》的一篇文章說，儘管不少讀書人人喊著到「到民間去！到鄉間來！」的口號，實在的現象卻恰相反，「年年大批的畢業學生自鄉村跑進都會，不見一個返到鄉間」，甚至「鄉村小學的教師寧願來都市為書局報館抄寫」；致使鄉村頹敗，「只剩下少量的具有十八世紀頭腦習慣的人在過著十八世紀的生活，用中古的技術求得生產來供給自己」。問題是，不但全社會「沒有一人關心及鄉村，總集團於都會」，這些十八世紀的村民「還要供給都市」。作者認為，「這樣畸形的偏重的趨勢再不能繼續下去」，各方面的人都應到鄉間去工作，以「造成美麗的安適的豐富的鄉村」，更要「讓鄉村與都市平行的前進」。[63]

---

61 楊開道：《我國農村生活衰落的原因和解決的方法》，《東方雜誌》，24卷16號，5-6頁。

62 梁漱溟：《北遊所見記略》（1929年），《梁漱溟全集》第4卷，濟南：山東人民出版社，1991年，896頁。

63 KL：《鄉村頹敗了，到鄉間去！》，《（上海）民國日報》，1930年1月12日，3張4版。此文部分內容已為王奇生《民國時期鄉村權力結構的演變》一文引用。

　　楊開道此前也提出，「農民缺乏知識，是我國農村生活衰落的一個主要原因」；故「一班優秀分子不應該跟著普通潮流，去過城市的生活，而厭棄農村生活」，反而應該「到農村社會去服務」。[64] 一九三二年十一月，《申報月刊》組織上海一些教育家舉行以「今日青年的煩悶與出路」為題的講談會，江蘇省立教育學院教授俞慶棠就說：

> 青年的職業，不應該專向城市裡去找。因為城市裡面粥少僧多，時鬧失業恐慌；青年要在城市裡找職業，恐有登天之難。近年來我國鄉村的衰落及離村問題極為嚴重，我們希望城市裡的青年們應該回到鄉村裡邊去，作歸農運動，幫助農民改造鄉村，建設鄉村。[65]

　　前引胡適所看到的中學生高不成低不就的現象，恐怕更多是他們進入城市的情形，與俞慶棠所見相同，說明城市也未必「需要」和接納這些知識青年，而新式大學的花費又不是一般家庭所能支付的，故這些人的「煩悶與出路」確已成一大社會問題。俞氏提出的一些具體建議當然充滿城市人對農民和鄉村的想像，[66] 但她和其他許多人所共見的讀書人「離村問題」確實存在。

　　重要的是鄉村讀書人心態的轉變，莊俞早在清末就注意到，新學堂教育出來的學生「驕矜日熾，入家庭則禮節簡慢，遇農工者流尤訕

64　楊開道：《我國農村生活衰落的原因和解決的方法》，《東方雜誌》，24卷16號，5-6頁。

65　俞慶棠：《今日青年的煩悶與出路》，《申報月刊》2卷1號（1933年1月），53頁。

66　如她希望青年到鄉村去「作農民的喉舌，說農民心裡要說而達不出的話；作農民的手腦，介紹科學方法，減少農民的勞作；作農民的耳目，將國內外各種問題傳遞給農民，使農民知道怎樣去應付。一方面鄉村情情願願的供給青年生活上的需要，同時鄉村可以得到許多進步」（同上注）。

誚而淺之」。[67] 在耕讀相連的時代，四民雖有尊卑之分，從天子到士人都要對「耕」表示相當的尊敬；在耕與讀疏離之後，乃有這樣的新現象。如黃炎培所說，包括鄉村教育在內的平民教育，「不但沒有造福平民，且給平民前途以很大的危險」；即「在教育還沒有能造成好環境時，早早誘導平民脫離他們的固有生活；即使事實上一時不得脫離，先養成他們厭棄固有生活的心理」。[68]

故章太炎指出：「自教育界發起智識階級名稱以後，隱然有城市鄉村之分。」所謂「智識階級」，其實就是新教育建制的產物。太炎敏銳地認識到，由於「城市自居於智識階級地位，輕視鄉村」，進而產生了整體性的城鄉「文化之中梗」。[69] 後來逐漸引起世人注意的讀書人之「脫離群眾」，部分即因傳統的耕讀生涯中止所致；民初的讀書人學西人提出「到民間去」的口號，雖未必皆去鄉村，多少仍提示出城鄉的分離。

在科舉制廢除後，傳統士紳的數量只能日漸減少，而新學生又往往離村，則所謂「鄉紳」的成分便可能出現變化，鄉村中的權勢也可能出現轉移。毛澤東一九三〇年在江西興國縣永豐區看到，當地管理公田的「公堂」，仍「多數把持在劣紳手裡」。他們「不是富農也不是地主」，而「大半家裡有些田，但不夠食」。因其田產「不夠食，所以要把持公堂，從中剝削」。在該區的一、二、四鄉，公堂由「劣紳管的占十分之六，富農管的占十分之四」。但在第三鄉則出現了有意思的變化：「民國以前，劣紳管的最多，因為那時公堂要有功名的才能管得。民國以後，富農管的最多。與一、二、四鄉恰好相反，十分之

---

67 莊俞：《論小學教育》，《教育雜誌》第1年第2期（宣統元年二月），112頁。

68 黃炎培：《中國教育史要》，144-145頁。

69 章太炎：《在長沙晨光學校演說》（1925年10月），轉引自湯志鈞：《章太炎年譜長編》，北京：中華書局，1979年，下冊，823頁。

六是富農管,十分之四是劣紳管」。[70]

　　文中所說的「劣紳」,恐怕更多是泛指有功名的傳統士紳,蓋文中並未出現和「劣紳」對應的「正紳」或「良紳」等。永豐區地處興國、贛縣、萬安三縣交界處,第三鄉是其中自然條件最好的一鄉,通常無水旱災,地租的比例也比一、二、四鄉要高百分之十。可知「劣紳」在自然條件較差的多數地區尚能繼續維持權勢,但也已受到沒有功名的「富農」之有力挑戰;在相對富庶的第三鄉,「公堂要有功名的才能管」這一規則已失效,呈現出明顯的權勢轉移。

　　河北濮陽某村的一位讀書人在一九三五年也觀察到,該村因花生、鹽等商品生產的興起而導致村政權勢的轉移。作者說,一九二○年以前,「村政完全掌握於舊式知識分子、家族長及一小部分地主的手中」。後來當地興起花生業、棗業及小鹽業等商業化經營,一些地主、富農、紳士及知識分子也參與其中,其「不營商業者,都因貧困化而喪失了固有權威」。結果出現「商人階級掌握村政」的現象:「現在的村長佐、里排長,百分之八十以上都是花生行、棗行、鹽行的東家、小股東及經紀人。」該村「近年以來的政治中心,已經由秀才、舉人及家族長的宅第,轉移到地主、商人及高利貸者所組成的三位一體的商店之中」。[71]

　　在這兩處鄉村的基層權勢轉移中,都未曾看到新學生的身影,與舊式讀書人衰落相伴隨的,是「富農」和經商者的興起。如果這些新興的掌權者也逐漸納入下層鄉紳的範圍,則鄉紳的受教育成分顯然降低,而其行為也可能會出現相應的轉變。

---

70 本段與下段,毛澤東:《興國調查》(1930年),《毛澤東農村調查文集》,202、201頁。

71 紀彬:《農村破產聲中冀南一個繁榮的村莊》,《益世報・農村周刊》(天津),1935年8月17日,11版。不過,作者也指出,他所在村的情況並非華北農村的常見現象,更可能是特例。

　　早在廢科舉當年，夏曾佑即預言：「廢科舉設學堂之後，恐中國
識字之人必至銳減。而其效果，將使鄉曲之中，並稍識高頭講章之理
之人而亦無之。遂使風俗更加敗壞，而吏治亦愈不易言。」[72] 魯迅在
一九〇七年便觀察到「事權言議，悉歸奔走干進之徒，或至愚屯之富
人，否亦善壟斷之市儈，特以自長營捂，當列其班」的現象。古所謂
專制統治不過一獨夫，今則「頓變而為千萬無賴之尤。民不堪命
矣」，遑論「興國」！[73]

　　山西舉人劉大鵬有切身體會，他在一九一三年聽人說：「各村董
事人等，無論紳學農商，莫不借執村事從中漁利，且往往霸公產為己
產，肥己之家。村人多陋劣，敢怒不敢言。其中有狡黠之輩，非入
其黨即與抗爭，往往大起釁端，赴縣構訟。官又以若輩辦公，且為祖
庇。」[74] 十多年後，他得出了自己的判斷：「民國之紳士多係鑽營奔
競之紳士，非是劣衿、土棍，即為敗商、村蠹。而夠紳士之資格者，
各縣皆寥寥無幾」。再後來，連「紳士」的資格和標準也混亂：「紳士
而反成痞棍，痞棍而竟成紳士。」[75]

　　類似的記載充斥於他那一二十年的日記，此不贅。應該說，劉大
鵬對「民國」本身及其世風是有些偏見的，他自己在當地其實也受到
相當的尊重，只是未達其所希望的程度而已。到一九二八年末，他
「赴縣成立嚴禁洋煙大會，係紳學農工商所組成，會員凡五十餘
人」。[76] 這裡的「紳、學」分列值得注意，若非因其個人好惡而視新
學界之人為「學」，而是轉述，則「紳」與「學」當時已被視為兩類

72 《論廢科舉後補救之法》，《東方雜誌》第2年第11期，252頁（欄頁）。

73 魯迅：《文化偏至論》，《魯迅全集》，北京：人民文學出版社，1981年，第1卷，46頁。

74 劉大鵬：《退想齋日記》，1913年5月13日，181頁。

75 劉大鵬：《退想齋日記》，1926年8月14日、1936年8月17日，336、497-498頁。

76 劉大鵬：《退想齋日記》，1928年11月30日，377頁。

人，正體現出鄉村中「紳」與「士」的疏離。

劉氏那樣的舊士紳尚長期居於鄉村，但在廣大地區，新讀書人「離村問題」確實是嚴重的。這一現象曾引起李大釗的注意，他在一九一九年就認為「中國農村的黑暗，算是達於極點」。究其緣故，「都是因為一般知識階級的青年，跑在都市上；求得一知半解，就專想在都市上活動，都不願回到田園；專想在官僚中討生活，卻不願再去工作。久而久之，青年常在都市中混的，都成了鬼蜮；農村中絕不見知識階級的足跡，也就成了地獄。」[77]

正如夏曾佑所預計的，鄉村基層權勢的轉移直接影響到地方的風俗。上引濮陽某村的觀察者注意到，在鄉村傳統士紳喪失「固有權威」的同時，那些「伴隨著商品生產發達」而進入新「政治中心」的「經紀人」，自己「四季不事生產」，在生活方式上則頗具影響力。有大量青年農民「受其引誘，漸趨於遊手好閒」（該村共約兩千人，這類青年農民近三百人）。因此，當地「質樸之風俗大壞，流風漸趨淫蕩」。[78]

應該說，民初讀書人眼中的「鄉村」，既是實在的，有時也是一個承載著多種想像的象徵符號。當年那些嘗試新村和菜園一類自食其力的「互助」生活者，就曾把鄉村視為未受或少受污染的清純處所，想像著與純潔農夫共同勞作、打成一氣的新生活。[79] 到一九二二年，顧頡剛等學術菁英在探討學術界生活獨立問題時，鄭振鐸便主張「淡泊自守，躬耕自給，棄都市之生活，專心去鄉村讀書」；沈雁冰更提

---

77 李大釗：《青年與農村》（1919年2月），《李大釗文集》（2），李大釗研究會編，北京：人民出版社，1999年，288-289頁。

78 紀彬：《農村破產聲中冀南一個繁榮的村莊》，《益世報·農村周刊》（天津），1935年8月17日，11版。

79 參見李新、陳鐵健主編：《中國新民主革命通史：1919-1923，偉大的開端》，上海：上海人民出版社，2001年，226-241頁。

出一種現代「躬耕讀書」法，集合同志二十人組織「合股公司」，因鄉村沒有圖書館不便治學，還要集資買書帶去「大家公用」。只有常乃德認為這種鄉村純潔的想像是「中了古人的毒」，其實「鄉村的環境並不比城市好，恐怕還要壞一點」。[80]

經常返鄉的李大釗或比這些人更了解鄉村的實際，故看到其「黑暗」的一面。在鄉村讀書人漸養成「厭棄固有生活的心理」之同時，胡適和俞慶棠皆已注意到城市未必接納來自鄉村的中學生。故李大釗看到的「受害者」是雙向的：常在都市中遊蕩的知識青年固然成了「鬼蜮」，而失去知識階級的農村也變成了「地獄」。兩者都極大地影響了後來中國的發展，特別是雙方的結合為後來中國的政治革命提供了最主要的人力資源。[81]

三　餘論

《漢書・食貨志》給四民社會中的「士」下了一個界說，即「學以居位曰士」。這裡的「位」當然包括士向「大夫」的發展路向，同時也意味著士在基層社會中的核心地位。從孔子以來，中國士人最嚮往的政治模式可以說是一種「士治」的秩序：不僅因為各級「大夫」多從士來，由於小政府的傳統，基層地方大多在官督之下實行自治，

80　參見「學術界生活獨立問題討論」，《教育雜誌》14卷5號（1922年5月）、14卷6號（1922年6月），19895-19901、20033-20035頁。

81　瞿秋白說：帝國主義的侵入破壞了中國的宗法社會制度，「科舉的廢除，世家的頹敗，所謂『士紳階級』日益墮落；外貨充斥，原料輸出，農民階級更破產得不了。於是社會上發生兩種游離分子：『高等流氓』與『下等兵匪』——都是造成軍閥政治絕好材料」。秋白：《政治運動與智識階級》，《嚮導》18期（1923年1月31日），人民出版社1954年影印嚮導週報社彙刊本，147頁。其實，讀書人中層次較低的「游離份子」和農民中「破產」之人往往也是革命的主要人力資源。

起著關鍵作用的鄉紳之核心成分就是士人，故「士治」在很大程度上是相當實際的。

鄭振鐸曾說，中國傳統的「治人階級」分為直接統治者（約指皇帝）和「幫治者階級」，後者便是士人。[82] 但「幫治者」在「通上下」時亦有其立場，即「公正紳士」須同時具有「地方觀念」和「國計民生思想」：應當「思為地方除害，俾鄉村人民受其福利」；而不能「借勢為惡，媚官殃民，欺貧諂富」。[83] 若其交通官吏，奪民之利，乃是苛政之「幫兇」，已失「士治」之本義。

當清季學外國圖富強，小政府不得不行使大政府的職能時，不僅會與民爭利，且呈現出變「士治」為「官治」的傾向。惟因當時學西方立憲，又推行新式的「地方自治」。中外新舊兩種「自治」的對立一面是明顯的，卻也有著未必是主動的「配合」：官方仍像以前一樣將地方事務責成士紳操辦，這等於讓士人「自改革」以調整「士治」。科舉制廢除後，甚至可能變「士治」為「紳治」。假如清廷的統治時間更長，隨著鄉紳成分的轉化，「士治」與「紳治」的緊張和衝突勢不能免。

民國代清之後，這些問題就遺留給新政權來處理。北洋政府在很大程度上——特別是辦事的思路和方式上——延續了清季的模式，大體是「士治」向「官治」過渡，而以「紳治」為補充。國民黨則不同，其在廣州已嘗試推行一種結合英美與蘇聯的政治模式，上層權力日益集中，在基層也力圖實現近於「官治」的「黨治」。[84] 故國民黨當權後鄉村的問題較前更複雜，在士人大體從鄉村權勢淡出後，往往

---

82 鄭振鐸：《且慢談所謂「國學」》，《小說月報》20卷1號（1929年1月），10頁。

83 劉大鵬：《退想齋日記》，1926年4月24日，322頁。

84 王奇生稱之為「國家政權的下沉」（參其《民國時期鄉村權力結構的演變》，《中國社會史論》，下卷，574-587頁），然「黨」與「國」之間除共性外，也還有緊張的一面。

體現為「官治」與「紳治」的衝突。[85]

可以看出，中國傳統是一多層面的體系，表面看去似不怎麼緊密相連，實則內在聯繫絲絲入扣。晚清到民初各社會群體間這樣的競爭與互動，還需要從基層進行具體的區域性探索和重建。應說明的是，在公路和鐵路尚少，機動車為少數人所使用，以報刊為表徵的輿論之涵蓋面和時效都相對有限的時代，鄉村本不怎麼互通，中國「地大物博」的多樣化和歧異是非常實在的。故城鄉差別的最後確立和士人從鄉村權勢中淡出，皆有一個過程，且各地可以很不相同。

科舉制廢除的一個重要社會後果即鄉村中士與紳的疏離，「鄉紳」的來源逐漸改變，不再主要由讀書人組成，特別是下層鄉紳中讀書人的比例明顯下降，鄉紳與讀書的疏離可能意味著道義約束日減，其行為也可能會出現相應的轉變，容易出現所謂「土豪劣紳」。結果是「劣紳」及其伴隨的「土豪」、「土棍」、「地棍」、「土劣」等用語日漸普及，從一「獨夫」的帝王統治變為「千萬無賴之尤」的混治，恐怕是導致後來所謂「社會矛盾激化」的重要原因之一。

其實，廢科舉不過是二十世紀一系列「斯文掃地」活動的開端。當鄉村社會的斯文掃地漸成定式之時，各類新型的鄉紳也會成長起來，其中固然包括使鄉村「黑暗」的劣紳，也會產生出一些不代表「斯文」但行使著傳統鄉紳之基本正面功能的人，例如「修橋補路」一類社區事務的組織（通常也包括民間信仰方面的組織）。隨著「鄉紳」的來源逐漸改變，基層的「士治」可能變為新型的「紳治」。在整個世紀的系列斯文掃地活動之後，鄉村既遭受了疏離於「知識」的

---

85 在國民黨涉及地方的檔案文獻中，「土劣」一詞出現非常頻繁，最初或不過是「土豪劣紳」的縮寫，後來則不免帶有土著的「地方性」含義，多少反證出「黨治」人員那外來異客的特點。

痛苦，也會開始真正嘗試一種無士的自治生活。[86]

原刊《中國社會科學》2006年1期

---

86 從根本上言，與廢科舉相關的近代社會重構固然產生出大量的社會問題，同時也給
　　包括讀書人在內的各社群帶來了一些發展的新機，無士的鄉村自治生活恐怕就是一
　　個集正負兩面於一身的「發展中」現象。

近代中國社會權勢的轉移：
知識分子的邊緣化與邊緣知識分子的興起

　　胡適在一九三二年曾說：我們中國這六七十年的歷史所以一事無成，中國的民族自救運動之所以失敗，「都只因為我們把六七十年的光陰拋擲在尋求建立一個社會重心而終不可得」。[1] 由於過去各專門史之間畛域明晰，互不越雷池一步，胡適這個觀點不甚受人注意。其實，把所有問題都歸結於社會重心的缺乏固然太過寬泛，但若能跨越各專門史的樊籬，從社會方面探索思想和政治演變的造因，並反觀思想演化對社會變遷的影響，似為今日值得進一步探索的途徑。

　　近代中國何以未能建立一個社會重心？胡適以為是因為中國離封建時代太遠、一般人對君主制的信念又因晚清的墮落而毀壞、再加上科舉制度使社會階級太平等化、人民窮而無資產階級、以及教育不普及，也不存在有勢力的智識階級等等。這些見解大多有所見，也都有點紙上談兵的味道，不十分切題；且有些理由如科舉制度，恐怕正是傳統社會之所以能有社會重心的重要因素。

　　不過，胡適注意到的「不存在有勢力的智識階級」一點，卻是近代中國才出現的新社會現象，這就提示了認識這一問題的一個取徑。這個問題近年由余英時先生作出了進一步的解答，其中一個根本原因就是從傳統的士到現代的知識分子的社會大轉變。余先生並提出知識

1　本段與下段，參見胡適：《慘痛的回憶與反省》，《獨立評論》，第18期（1932年9月18日），10-13頁。

分子這一群體在近代中國社會日益邊緣化的觀點，開啟了研究和詮釋
這一問題的新思路。[2]

可以說，前近代中國社會的重心正是處於社會結構中心地位而居
「四民之首」的士，這一社會重心的制度基礎就是從漢代發端到唐宋
成熟的通過考試選官的科舉制。近代國人在西潮衝擊之下，常愛說
「數千年未有的大變局」。如果當時中國的確存在劃時代的體制變
動，科舉制的廢除可以說是最重要的變動之一。

科舉制使政教相連的傳統政治理論和耕讀仕進的社會變動落在實
處，是一項集文化、教育、政治、社會等多方面功能的基本體制
（institution），其廢除不啻給與其相關的所有成文制度和更多的約定
俗成的習慣行為等等都打上一個難以逆轉的句號，必然出現影響到全
社會各層次多方面的後果。但清季人在改革和廢除科舉制時基本只考
慮到其教育功用（這樣的認知本身就是傳統中斷的一個表徵）並試圖
加以彌補，科舉制的其他重要社會功用一般不在時人考慮之中，自然
也談不上填補，其社會後果卻是長遠的。

廢科舉最深遠的影響是導致以士農工商四大社會群體為基本要素
的傳統中國社會結構的解體，而在此社會變遷中受衝擊最大的，則是
四民之首的士這一社群。廢科舉興學堂的直接社會意義就是從根本上
改變了人的上升性社會變動取向，切斷了「士」的社會來源，使士的
存在成為一個歷史範疇，而新教育制度培養出的已是在社會上「自由
浮動」的現代知識分子。士的逐漸消失和知識分子社群的出現是中國
近代社會區別於傳統社會的最主要特徵之一。四民社會的解體使一些
原處邊緣的社群（如商人和軍人）逐漸進據中心，更可見邊緣知識分

2　參見余英時：《中國知識分子的邊緣化》，《二十一世紀》，第6期（1991年8月）；更
　　系統的論述參閱Ying-shih Yu, "The Radicalization of China in the Twentieth Century,"
　　Daedalus, 122: 2 (Spring 1993), pp. 125-50. 本文的思路受益於此兩文者甚多。

子這一特殊社群在政治上的明顯興起，而知識分子在中國社會中則處於一種日益邊緣化的境地。

本文擬將中國傳統社會中原居四民之首的士在近代向知識分子的轉化、知識分子在社會學意義上的邊緣化、以及邊緣知識分子的興起這一連續、相關而又充滿變化的社會進程納入中國社會發展的內在理路和西潮衝擊下整個近代中國的巨變這一縱橫框架中進行考察分析。在缺乏大量個案研究的情形下，本文只能嘗試提出一個走向框架性詮釋的思路。由於現存社會統計資料的不足和不準確，本文在研究取向方面，特別注重思想演化與社會變遷的互動關係，從當時人的心態變化入手來反觀社會的變動，希望能有進一步的認識。

一　從士到知識分子的社會轉化

在傳統的四民社會中，「士大夫」已成一個固定片語；由於士是「大夫」即官吏的基本社會來源，道統與政統是一體的。人的上升性社會變動雖然可以有其他的途徑和選擇，從士到大夫仍是最受推崇和欣賞的取向。換言之，士與大夫的內在邏輯聯繫恐怕是其最主要的社會吸引力。一旦科舉制被廢除，道統與政統即兩分，人的上升性社會變動（social mobility）取向也隨之而變。與這一社會變動過程相伴隨的，是從改科考、興學堂到廢科舉的制度改革進程。

清季從改科考到廢科舉，取士的標準有一個變化的過程。廢科舉前的十餘年間，取士的標準已是鼓勵新舊學兼通。我在前面關於劉大鵬一文中引述過，汪康年於光緒十五年應鄉試，本不合科場程序，依例應不取；卻因能用「最新天文家言」解《中庸》文字，被主考官認

為「新舊學均有根柢」，而以第六名中式。[3] 科場程序尚不熟，竟能以高名取，可知實以「新學」中式。以晚清中國各地發展的不同步及不同考官掌握評卷分寸的伸縮餘地，這當然不一定能代表全國的情形。但揆諸後來的發展，以經世學為開端的「新學」興起後，其影響會逐漸延伸到科考之上，似為必然的趨勢。

早期的取士標準變化可能更多是無意識的，但清季士人中不乏對科考的社會功能認識頗深而主動運用其功能者。梁啟超在光緒二十二（1896）年時就曾致書汪康年，希望他敦促新任湖南學政的江標以新學課士，尤其「於按試時，非曾考經古者，不補弟子員，不取優等；而於經古一場，專取新學，其題目皆按時事」。梁以為：「以此為重心，則利祿之路，三年內湖南可以丕變；」而湖南若能「幡然變之，則天下立變矣」。[4] 江標果然以其控制的校經書院為基地，在那裡設實學會，以史學、掌故、輿地、算學、交涉、商務六門課士，其中史學、掌故、輿地、算學更與經學和詞章並列為全省考試科目。[5] 這一自上而下的引導，的確造成湖南學風相當大的轉變。

科舉取士的標準改變，士人所讀之書即隨之而變。傳教士早注意到，自江標在湖南以新學考士，讀書人「遂取廣學會譯著各書，視為枕中鴻寶」。《泰西新史攬要》和《中東戰紀本末》等遂成為「談新學者皆不得不備之書」。[6] 湖南舉人皮錫瑞即頗能領會改科舉的社會含

3　事見汪詒年纂輯：《汪穰卿先生傳記》，收在章伯鋒、顧亞主編：《近代稗海》，第12輯，成都：四川人民出版社，1988年，194頁。

4　梁啟超致汪康年，《汪康年師友書札》，上海：上海古籍出版社，1986年，第2冊，1843頁。

5　《湖南學政奏報全省歲科兩試完竣情形摺》，《湘學新報》，臺灣華文書局，1966年影印本，第1冊，47-48頁；李肖聃：《湘學略》，長沙：嶽麓書社，1985年，222-223頁。

6　《三湘喜報》，《萬國公報》，第90卷（光緒二十二年六月），收中國史學會主編：《戊戌變法》，上海：神州國光社1953年，第3冊，376頁。

義，他在光緒二十四年初得知科舉可能要變，立刻想到「此間聞變科舉之文，西學書價必大漲」，當即取閱「梁卓如所著《西書目表》，其中佳者，將購數冊閱之。」次日便與其弟其子等一起趕在漲價前到礦務局和豆豉店購新書報（新學未大興前新書報在礦務局和豆豉店出售，也殊有意致）。[7]

買書者如此，賣書者亦然。戊戌年五月，朝旨廢八股，江西書商晏海瀾立刻慨歎「廢時文去二千金貲本矣！」可知刻書賣書者當下就要受影響。但他們也跟得甚快，兩月後晏氏檢隨棚書至考試處出售時，已「多算學、醫書，而八股、詩、賦、楷法，皆棄不用」。當五月時，有人勸晏將已改廢科目之書「留之以待復舊」，皮錫瑞以為「其在十二萬年後乎」？主張不必留。晏氏幸虧未聽皮言，他後來發現「經學書猶有人買，是為五經義之故也」。[8] 由於尚有「五經義」這一科目在，晏的損失當不如以前估計之大。但戊戌政變後科舉果然復舊，晏在新學書籍上的投資又面臨當下的損失（即使他有遠見將新學書保存到幾年後再次改科考時，資金的回收期也太長），改科考對書商的直接影響是很明顯的。

對應試者來說，考試以新學是尚意味著中國腹地的讀書人可能因買不到「新學」書籍、或買到而熟悉程度不夠而競爭不過久讀新學書籍的口岸士子。山西舉人劉大鵬即大約到一八九五年赴京應試後，才了解到口岸士人讀的是什麼書。在集中補習新買回的新學書籍後，他終於醒悟到「當此之時，中國之人竟以洋務為先，士子學西學以求勝人」。這最後一點是關鍵性的：如果不學西學，就很難「勝人」。一九

---

7 皮錫瑞：《師伏堂日記》（1897-1900年的皮錫瑞日記分四次選刊在《湖南歷史資料》1958年第4輯、1959年第1-2輯、1981年第2輯，以下僅引年月日），光緒二十四年一月二十日、二十一日。

8 皮錫瑞：《師伏堂日記》，光緒二十四年五月二十日、七月二十日。

〇二年，清政府又一次廢八股而改試策論。次年劉大鵬到河南開封再次應會試時，發現在山西還不多見的「時務等書，汗牛充棟，不堪枚舉其名目」。應試者「皆到書肆購買時務諸書，以備場中查對新法」。可知新學的傳播呈現出顯著的區域性，讀不同書籍的士人已不在一條起跑線上，科舉考試的公平性和選出之人的代表性均已不及以往。[9]

這樣，不論是為了實行以澄清天下為己任的志向，還是為了做官光宗耀祖，甚至純粹就是想改變生活狀況，只要想走仕進之路（以及獲得與此相關的教職），任何士人都必須轉向以西學為主流的新學。山西舉人劉大鵬是被動追隨者的一個顯例，而湖南舉人皮錫瑞則是一個主動追隨者，他在光緒二十四年初決定加入南學會時自述說：「予入學會，特講求新學。考訂訓詁，恐將束閣，不復有暇著書。」皮氏家境不豐，以教館為生，他的趨新可見明顯的社會層面的動機。他那時曾與偏舊而家有恆產的湘籍學者葉德輝交談，頗感歎葉之所以能「不喜新學」，即因其「進退裕如，故不需此」。此語殊可玩味，不能「進退裕如」的皮氏自己，就不得不放棄自己原來所長的考訂訓詁而講求並不熟悉的新學，以迎和當時湖南地方官正在推行的新政而取得館地。[10]

在四民社會晚期，「耕讀」為業本已越來越成為一個象徵，許多讀書人並不真的耕種土地，而是實行所謂「筆耕」。教書的館地對不能做官的讀書人來說不啻生活的保障，科考的轉變直接影響到何種人才能得到教職。當戊戌年湖南新政勃興時，有一位「在滬上方言館多年，通西國語言文字」的師璜，即「聞湖南興西學，歸謀館地」。那年五月，江西有位趨新士人雷見吾來請皮錫瑞代謀職，皮即指出「既

9 說詳羅志田：《科舉制的廢除與四民社會的解體──一個內地鄉紳眼中的近代社會變遷》，《清華學報》（新竹），新25卷4期（1995年12月）。

10 皮錫瑞：《師伏堂日記》，光緒二十四年一月二十日、光緒二十三年十一月十四日。

停八股，或者謀事不難」。可知興西學即為通西文者開放館地，而停八股則新人謀事不難。到戊戌政變後科舉復舊，前此「各處書院求山長」的現象「今無聞焉」。同樣的人在不同政策之下當即可見境遇的判然兩別，科舉改革真是有人歡喜有人愁。[11]

如果僅是考試內容改變，講舊學者尚有一些選擇餘地，因復舊並非不可能，社會上也確實存在如此估算之人。到科舉一廢，不會新學者就只能失館，已不僅是束脩厚薄的問題了。「士為四民之首」，本多受社會供養，但那是總體言之。對個體讀書人而言，自己能夠謀生是必要的基礎。這才是幾千年未有的大變局：從耕讀到政教的傳統之路已不通，意味著上升性社會變動途徑的整體轉向。新辦的學堂不論從制度上和數量上，均不足以滿足眾多期望在社會階梯上升等之人，社會動盪的一個重要造因已隱伏在那裡了。

清季興學堂之舉，就值得再作考察。[12] 清政府在改革科舉之時，已開始興辦學堂來填補科舉制的教育功用，這本是很有見識的舉措。但一種新教育體制並非一兩紙詔書在短期內便可造成，而清季舉國都已有些急迫情緒，終於不能等待學堂制的成熟即將科舉制廢除。舊制既去，新制尚不能起大作用，全國教育乃成一鍋夾生飯。新學堂確實培養了不少「新人物」，卻未必養成了多少「新學人」。學子無學，是後來其社會地位逐漸下降的一個重要原因。

據章太炎在一八九七年的觀察，「浙中風氣未開，學堂雖設，人以兒戲視之。」[13] 以浙江靠海之近，而風氣尚未開，學堂不過被視為兒

---

11 皮錫瑞：《師伏堂日記》，光緒二十四年閏三月一日、五月十五日、光緒二十五年十一月二十三日。

12 這方面許多相關史實可參見桑兵：《晚清學堂學生與社會變遷》，上海：學林出版社，1995年。

13 章太炎致譚獻，轉引自姜義華：《章太炎思想研究》，上海：上海人民出版社，1985年，63頁。

戲，餘處概況可以想見。幾年後，風氣已大開，但學堂的教育品質仍不高明。一九〇三年有人調查了江南的教育界，發現「仕宦中人，競言開學堂，不知學堂為何事也；地方紳士，競言開學堂，則以學堂為利藪也；士林中人，競言開學堂，只以學堂為糊口也。」[14] 觀此可知上有所好，下必趨奉；詔書一下，人人皆競言開學堂。但事前並無人才物質的充分準備，許多新學堂也就難以起到原設計的建設性功用。

真要廣泛推行新學，還有許多實際的困難。早在從八股改試策論時，就不僅許多考生不會做，更缺乏合格的閱卷者。這在戊戌時的湖南一直是使趨新士人焦慮而未能根本解決的問題，他們後來不得不在《南學會章程》中「添入願閱課卷一條」。[15] 改策論已師資不足，遑論新學西學。故南京、蘇州、上海等地「最著名大學堂」的情形是：「陸師學生派充師範，八股專家支持講席；以格言語錄為課本者有之，以夏楚擊碎學生首者有之。禁閱新報、禁談自由。」而「各府州縣之中小學堂以及私設之蒙學堂，則分科教授，目錄未知；官樣文章，胡盧未肖。」[16]

在辦學堂最著力的張之洞長期管轄的兩湖地區，在一九〇三年時也甚感「苦無教習」，最多只能辦不太合格的中等學堂。當地的留日學生觀察到：「今日欲聘教習，求之中國，能教英文、算學者則有之矣，能教物理、化學者則未之聞也。」如果想聘請留學生，則「留學生之卒業者，寥寥無幾。即間有一二，亦不易於招致。」若聘外國人，則「言語既苦其難通，薪俸又嫌於過重」。結果，湖南的新興學校裡，教習「無非調劑老朽之舉貢編修」。可知兩湖地區的情形與江

---

14 侯生：《哀江南》，《江蘇》，一（1903年4月），張枬、王忍之編：《辛亥革命前十年間時論選集》，北京：生活·讀書·新知三聯書店，1960年，卷一下，537頁。

15 參見皮錫瑞：《師伏堂日記》，光緒二十四年三月五日、十八日、閏三月三日、四日、六日、十一日。

16 侯生：《哀江南》，537頁。

浙基本相近。梁啟超認為這是那時全國普遍的現象。他在《新民說》中指出：當時各省雖「紛紛設學堂矣，而學堂之總辦提調，大率最工於鑽營奔競、能仰承長吏鼻息之候補人員也；學堂之教員，大率皆八股名家弋竊甲第武斷鄉曲之巨紳也。」[17]

教員如此，學生自然高明不到哪裡去。梁啟超在戊戌年曾希望「異日出任時艱，皆〔時務〕學堂十六齡之子」。葉德輝即反駁說：「天津水師學堂、上海方言館、福州船政局，粵逆平定後即陸續創開，主之者皆一時名臣大僚；三十年來，人材寥落。豈今日十六齡之子異於往日十六齡之子？亦豈今日之一二江湖名士異於往日之名臣大僚？然則人材與學堂，截然兩橛，概可知矣；然則學堂與書院弊之一律又可知矣。」[18]

如果說葉德輝是因守舊而多見新學之不足，長期主持北洋學堂的新派人物嚴復也贊同此看法，他指出：「舊式人才既不相合，而新者坐培養太遲，不成氣候。既有一二，而獨弦獨張，亦無為補。復管理十餘年北洋學堂，質實言之，其中弟子無得意者。」除伍光建「有學識而性情乖張」、王劭廉「篤實而過於拘謹」兩人外，「余雖名位煊赫，皆庸材也。且此不獨北洋學堂為然，即中興諸老如曾左沈李，其講洋務言培才久矣，然前之海軍，後之陸軍，其中實無一士。即如王士珍、段祺瑞、馮國璋，皆當時所謂健者，至今觀之，固何如乎？」[19]科舉已去，學堂又不能培養出人才，讀書人「無用」的潛臺詞已呼之

17 《與同志書》、《勸同鄉父老遣子弟航洋遊學書》，《遊學譯編》，七（1903年5月）、六（1903年4月），《辛亥革命前十年間時論選集》，卷一上，396、385頁；梁啟超：《飲冰室合集·專集》之四，北京：中華書局，1989年影印，63-64頁。

18 葉德輝：《郋園書札·與劉先端黃郁文兩生書》，長沙中國古書刊印社1935年《郋園全書》版，7頁。

19 嚴復：《與熊純如書》（1918年5月17日），《嚴復集》，北京：中華書局，1986年，第3冊，687頁。

欲出了。

其實嚴復所在的水師學堂還算條件較好者，前引「陸師學生派充師範」這一現象表明，晚清走強兵之路，其本身的成就固然有限，但各軍事學校因所學科目較新而辦學認真，漸成為清季新學人才的重要甚而是主要來源。我們只要看從嚴復到周樹人、周作人兄弟等都曾是軍校學生，就可見一斑。實際上，從「新學」角度言，陸師學生任教習是遠比八股專家更合格的。不過，軍校畢業生本身也有限，短時間內仍不符當時全國各省府州縣都競開學堂的大趨勢。

當時的論者即以為，以「舉貢編修、八股名家」這樣的「老朽無學之人」來教書，只能誤人子弟。其實這裡所謂的「無學」，是指無西學。若以其授西學，大約真會誤人子弟。但如果他們只傳授舊學，結果又如何呢？而且，當時留學生的西學程度，是否像一般人認知的那樣高呢？少年胡適所受教育之新與舊，很能給我們一些其所處時代的啟示。

胡適在家鄉安徽績溪上莊受過九年傳統的私塾教育，轉入上海的新學堂梅溪學堂，六個星期後即因能糾正老師的「國學」錯誤而一日之中跳升了四班。後來到更有名的澄衷學堂，一年中仍能跳升四班。靠著國文的優勢，他得以把主要的功夫下在英文算學之上，兩年後考入號稱「中國第一所私立大學」的中國公學，同學皆為因抗議而返國的留日學生，但胡適在學校裡竟然以英文好著名，算學也「毫不費力」，反而將功夫用在學做舊詩和寫白話文章之上。[20]

胡適的經歷提示我們對當時的教育恐怕要重新認識。首先是上海新學堂的國文不如績溪上莊的私塾。胡適除了在中國公學時外，一向是以國文占優勢的。但他的「國學」，在那時其實並不很高明。他對

---

20 本段及下四段，參羅志田：《再造文明之夢——胡適傳》，成都：四川人民出版社，1995年，51-78頁。

「經義」，起初就根本不知是怎麼回事。對國學的重要組成部分「小學」，他的工夫也相當差。但這樣的胡適在上海卻一向以國文吃香，可知那時十里洋場的國文已大衰。但上海學堂的「新學」水準，則還是相當不錯的。胡適在中國公學竟然以英文和算學見長，可見那時許多留學生，也只是徒有虛名而已。至少從日本回來的許多留學生在「新學」方面的知識水準實際上遠不如上海有些私立中學校的學生，而這些留學生恰多是在各地新學堂受過訓練者，則同為新學堂，其間的差距也可以相當大。

實際上，可以說正是清末的城鄉差別、特別是安徽鄉間私塾尚未沾染口岸風氣的傳統蒙學教育造就了後來被認為是啟蒙大師的胡適。在西潮入侵之後中國許多口岸地方，傳統的教育方式已大大式微，其一個後果就是傳統教育最講究的「讀書寫字」的基本功已較前薄弱。那種眼睛盯著少數不世出的精英分子的中國傳統教育，只有在與口岸沒有怎麼「接軌」的鄉間還基本存在。而胡適正靠著鄉間「國文」的訓練，在那「邯鄲學步，反失其故」的上海新學堂，打出了自己的天下。也是靠著舊學的基礎，再加上澄衷學堂的英文訓練，他就能擊敗全國各地的許多學子，一舉步入了庚款留學生這一真正全國性的少數精英群體。

胡適的經歷同時體現了近代中國人的上升性社會變動取向的轉變。早期留學生多邊緣人物而少「良家子弟」，到科舉改革時，留學已漸成學子的眾矢之的。嚴復在一九〇二年觀察到：「近今海內，年在三十上下，於舊學根柢磐深，文才茂美，而有憤悱之意，欲考西國新學者，其人甚多。上自詞林部曹，下逮舉貢，往往而遇。」[21] 胡適

---

21 嚴復：《論教育書》，《外交報》（1902），《辛亥革命前十年間時論選集》，卷一上，113頁。

自己在一九一○年赴京考試前給母親的信中就曾說，「現在時勢，科舉既停，上進之階惟有出洋留學一途。」這種心態到民國後已成普遍現象，民國「以官費留學為賞功之具」（許多人願領此賞，就最說明問題）。胡適在美國讀書時「留學界官費者居十之六七。」他注意到：今日「國內學生，心目中惟以留學為最高目的」。他們「以為科舉已廢，進取仕祿之階，惟留學為最捷。」那時一旦得一本科學位歸，即被「尊之如帝天」。世風的轉變是極為明顯的。

上升性社會變動取向的轉變提示著近代中國更深層次的社會結構大變，即四民之首的「士」這一舊的社會群體的逐漸消失和在社會上自由浮動的「知識分子」這一新的社會群體的出現。「士」的消失意味著四民社會已成為歷史，而四民社會的解體本身也是現代知識分子不得不在社會上自由浮動的造因之一，兩者之間是一種互為因果的互動關係。

士的來源既因社會變遷而中絕，其在社會上的領導作用也就空出。傳統的士作為四民之首這一社會角色的一個含義就是士為其他三民的楷模，分配給大眾的社會角色是追隨。如劉大鵬所言：士「平居鄉里，所言所行，使諸編氓皆有所矜式。」[22] 榜樣與追隨者的社會分工能夠為雙方接受並維持，各社會群體間就保持著一種相對穩定的有機聯繫，雙方都不存在要辨明地位高下的必要。隨著四民社會的解體和新觀念的引入，傳統的社會分工遭到質疑，過去認為不言而喻的事情現在卻需要論證了。林白水在一九○四年時指出：「現在中國的讀書人，都是以上流社會自命的；凡不讀書的人，如工農商兵、共會黨裡面的人，都說他是下流社會。」[23] 以是否讀書分上下流，本是傳統

---

22 劉大鵬：《退想齋日記》，69頁。

23 林懈：《論合群》，《中國白話報》，1904，《辛亥革命前十年間時論選集》，卷一下，909頁。

的觀念，但必須加以強調，則是社會已在變動的表徵。

「讀書人」正是過渡時代的士與知識分子的共同點。從士轉化為知識分子那一兩代人，在身份轉換時確有某種困境。由於新學先已成課士考士之途，清季最後十年科舉考試產生出來的近代中國最後一代社會學意義上的士，在思想上和心態上恐怕已與傳統的士大不一樣；反之，這一代士人與中國最早一代的知識分子，其社會存在雖有根本的不同，在思想和心態方面，卻每有相近之處。當讀書人的主體已是知識分子之時，上一代的「遺士」有時也不免為知識分子的社會角色所覆蓋。反過來，早期知識分子的心態和行為上，也處處可見士的餘蔭。

士與知識分子的一個根本區別就是參政與議政。士集道統與政統於一身，有務本的責任，故要有遠慮；對於眼前的國是，也必須有以因應。對他們來說，「澄清天下」同時落實在「人心」和「世道」兩方面，即不僅意味著作「社會的良心」，而且必然包括實際政治活動的參與。一句話，他們必須既議政又參政（議政與參政的區分也是一種「現代」的區分，對傳統的士來說，議不過是參的一種形式而已）。

民初知識分子大體上認同於士這一社會角色，也力圖繼承士的社會責任；但他們相對要超然一些，多數是像胡適一樣傾向於「講學覆議政」，即停止在議政階段，作「社會的良心」，把直接參政置於第二位。更有人試圖將學術與政治分開，乾脆鑽進象牙塔，像胡適所說的「回到故紙堆中去」，不問世事（這恐怕更多是一種無可奈何的選擇）。故他們對政治可議而不參，也可視而不見，完全不議。前者是新文化運動諸人所一意提倡，後者雖被魯迅視為是「新思想中了『老法子』的計」，但確實是五四之後幾年間許多知識分子「自己願意」的。[24]

---

24 「魯迅致徐炳昶」，1925年3月29日，《魯迅全集》，北京：人民文學出版社，1981年，第3卷，25頁。

　　當然，個別趨新士人如蔡元培，專門提倡讀書人不做官不議政
（雖然他實際上既議政又做官），多少表現了時代的變化，即士的逐
漸消失和知識分子越來越居讀書人的主流。像章太炎和梁啟超梁這樣
最後一代的士，早年處於思不出其位的時代，所謂「不在其位，不謀
其政」，那時的議政就是參政。他們晚年都基本以講學研究為主，看
上去很像知識分子。實際上，他們像傳統士人一樣，是參政不成之後
才做學問。但社會既然已大變，他們到底也只能是議得多而參得少。
章、梁等不得不議政多於參政，甚而有時不問政治，都體現了從士的
時代轉化為知識分子時代的社會大潮；他們在思想上仍欲為士，但社
會存在卻分配給他們一個越來越近於知識分子的社會角色，給這批人
的生涯增添一筆悲劇的色彩。

　　這一點最為對章、梁具同情態度（不是陳寅恪所謂的「了解之同
情」）的研究者所忽視，他們常以自己後起的知識分子心態去解讀傳
統士人，以為章、梁晚年專意講學是已由政治活動中「覺悟」出來，
故投入更長遠的思想文化之中；而對其終不能完全脫離實際政治，每
表示惋惜。[25]　須知主張學術與政治分流、以為實際政治「骯髒黑
暗」，都不過是現代知識分子才有的固定認知，對傳統的士來說，政
治本應該是「清明」的，其出現「骯髒黑暗」的現象恰因「道」不行
於天下所致，士人本身先負有一定的責任，更有糾而正之的義務。對
他們來說，學問本身就是為政治而做，專意學術只是參政不成之後的
退路。

---

[25] 陳寅恪就注意到：論者每惜梁啟超「與中國五十年腐惡之政治不能絕緣，以為先生
　　之不幸」；其實，「先生少為儒家之學，本董生國身通一之旨，慕伊尹天民先覺之
　　任」，其參與政治，乃「勢不得不然」，「實有不獲已之故」（《讀吳其昌撰〈梁啟超
　　傳〉書後》，《寒柳堂集》，上海：上海古籍出版社，1980年，148頁）。自稱思想滯
　　留在曾國藩、張之洞之間的陳寅恪，對梁啟超確有「了解之同情」。

所以對胡適這樣的知識分子來說，參政甚而只議政，都多少存點耽誤了學術工夫的遺憾。而章、梁等雖也常常被迫回歸學術，卻是作為天下無道、不得不退隱以挽救人心的被動選擇；他們要想參政那種「待時而起」的傳統情結一直都在，且「出仕」的願望到老並不稍減。故其並不專意於學術，總是又議政又參政，一有機會甚至一有可能，他們仍舊要「出山」身與直接挽救世道的努力。北伐之時，久已不談政治的章、梁二氏都突然異常活躍，不僅大發政論，更或直接或間接奔走於各勢力之間，只是到後來發現其想認同的北方已無希望，才漸漸歇手。[26]

梁啟超在一九二七年五月給他兒女的一封信，頗能表現過渡時期士與知識分子心態的異同。他自稱那時「天天在內心交戰苦痛中」，蓋不少朋友敦促他出山組黨，而他又討厭政黨生活。「因為既做政黨，便有許多不願見的人也要見，不願做的事也要做，這種日子我實在過不了。若完全旁觀畏難躲懶，自己對於國家，良心上實在過不去。」梁氏最後擬取妥協的辦法，就是對政治議而不參。可是新一代的讀書人丁文江，卻主張梁「全不談政治」，專做學問。梁啟超又覺得「這樣實在對不起我的良心」。[27] 丁文江所說，其實只是他對梁在學術上發展的一種希望，因為丁氏自己那時就在直接參政。胡適晚年自述說：「我對政治始終採取了我自己所說的不感興趣的興趣。我認為這種興趣是一個知識分子對社會應有的責任。」[28] 梁、丁、胡三人對政治參與的態度，正可見身歷從士到知識分子過渡的當事人心態轉變的痕跡。

---

26 參見羅志田：《中外矛盾與國內政爭：北伐前後章太炎的「反赤」活動與言論》，《歷史研究》1997年6期。

27 梁啟超：《給孩子們的信》（1927年5月5日），收在丁文江、趙豐田編：《梁啟超年譜長編》，上海：上海人民出版社，1983年，1130頁。

28 唐德剛譯注：《胡適口述自傳》，上海：華東師範大學出版社，1993年，36頁。

　　簡言之，清季民初讀書人在社會學意義上從士轉化為知識分子似乎比其心態的轉變要來得徹底。士與知識分子在社會意義上已截然兩分，在思想上卻仍蟬聯而未斷。民初的知識分子雖然有意識要扮演新型的社會角色，卻在無意識中傳承了士以天下為己任的精神及其對國是的當下關懷。身已新而心尚舊（有意識要新而無意識仍舊），故與其所處之時代有意無意間總是保持一種若即若離的狀態。這是民初知識分子的許多行為在當時即不全為時人所理解接受，在今人看來也充滿「矛盾」的一個根本因素。作為一個在社會上自由浮動的社群，知識分子可以與其他各社群都有所關聯，但其浮動性本身在某種程度上也意味著與其他社群的疏離，而疏離的結果就是自身的邊緣化。

二　知識分子的邊緣化

　　章太炎在一九一八年時說：「六七年來所見國中人物，皆暴起一時，小成即墮。」因為近人「不習歷史，胸襟淺陋」，所以其得勢就如「無源之水，得盛雨為潢潦」，當然不能持久。既然「一國人物未有可保五年之人，而中間主幹之位遂虛」，造成「一國無長可依賴之人」的局面。[29] 太炎的話提示著一種「時勢造英雄」的含義：民初社會政治都呈亂象，所以「盛雨」頻仍，「暴起一時」的人物確實不少。而類似新文化運動那樣新舊分明的「盛雨」，在促成新的「潢潦」之時，顯然還要衝去一些「舊人物」。

　　以太炎自己而論，他的學養和「歷史」知識，當世可說不作第二人想，但也只在清末革命時「暴起」，民國建立後幾年間，不但沒有

---

29 章太炎：《對重慶學界演說》，重印於《歷史知識》，1984年1期，44頁；《救學弊論》，《章太炎全集》（五），上海：上海人民出版社，1985年，96頁。

成潢潦的跡象，反已有過時之虞。當胡適在五四前後以少年而「暴得大名」之時，昔日也是少年成名的章太炎其實仍在壯年，但在民國後的思想界已基本處於較邊緣的地位了。在士大夫一身而兼「道統」和「治統」兩者重心的時代，像曾國藩這樣的士人不論居廟堂還是處江湖，都可久居主幹之位。道治二統的分離及知識分子與大眾的疏離，正是歷史知識絕不遜於曾國藩的章太炎就連在道統中也不能久居「中間主幹之位」的根本原因。

而胡適這一輩對章太炎等人的退居邊緣也起過直接的作用。胡適自己曾深受章太炎的影響，在其一九二二年寫的《五十年來中國之文學》中，認為章的《國故論衡》足以「成一家言」，是兩千年來中國可稱得上「著作」的七、八部書之一，評價不可謂不高。但他同時宣布，「這五十年是中國古文學的結束時期」，而太炎正是代表「這個大結束的人物」。在進化論影響下的近代中國，這等於是宣判了章在思想界的「死刑」。故胡對章捧得雖高，封殺得也不留絲毫餘地。在他筆下，頗有「成績」的章太炎終因其「反背時勢」而不能脫「失敗」的結局。[30]

這樣，知識分子有意無意間也對其自身的邊緣化作出了「貢獻」。由於尊西崇新已成清季民初的主流，新興知識分子與遺留的士兩者之間如果出現競爭，通常是前者取勝。但當知識分子將傳統的士擠到社會的邊緣時，他們實際上也促成了整個讀書人的邊緣化。士為四民之首意味著士在社會上扮演領導角色，四民社會解體後知識分子因其浮動性和邊緣化卻未能完全接替這一社會的領導角色，近代知識分子在整個社會的地位實明顯不如當年的士。

---

30 胡適：《五十年來中國之文學》，《胡適文存二集》，上海：亞東圖書館，1924年，卷二，147-157頁。

　　科舉制廢除所造成道治二統兩分的直接後果就是其載體士與大夫的分離。清季所設學堂，最初不過是要養成新型的「大夫」以應付新的局勢。特別是京師大學堂，入學者本是官員，在功能上近於新型翰林院。且清季士人心態已變，張百熙為管學大臣時就主張讀書不為做官。他在一九〇四年對新進士金梁說：「京師人才所萃，來者皆志在得官。君當以求學問為先，官豈可求，惟學問必求而始得爾。」[31] 可知彼時不僅政治中心與論說中心兩分，而主事者竟然以為分開才是正常，士人觀念已大轉。民國後學生已平民化，蔡元培長校後更要驅除「科舉時代思想」，提出「大學為純粹研究學問之機關，不可視為養成資格之所」。[32]

　　但問題的另一方面是，若大學僅為學術研究之機關，而不再是官吏養成之地，則有良好訓練的官吏又從何而來？從清季到民國的政府及彼時讀書人，顯然未能認真考慮此一重大問題。科舉之時，士是大夫的來源，大夫也是士的正當職業。如今士與大夫分離，前者變成主要議政而不參政的職業知識分子，則勢必出現新的職業「大夫」即職業官吏。科舉既去，又無新的官吏養成體制，意味著為官不復要求資格。民國官場之濫，即從此始；國無重心，亦因官場之濫而強化。中間主幹之位既虛，遂給邊緣人造成機會。由於缺乏新的職業官僚養成體制，使政統的常規社會來源枯竭，原處邊緣的各新興社群開始逐漸進據政統。近代軍人、工商業者和職業革命家等新興權勢社群很快因「市場規律」的需求而崛起。

　　在中國的選官制度已去，而又沒有真正引進西方的選舉制度時，

31 金梁：《光宣小記》，章伯鋒、顧亞主編：《近代稗海》，第11輯，成都：四川人民出版社，1988年，286頁。
32 蔡元培：《北大一九一八年開學式演說詞》（1918年9月20日），高平叔編：《蔡元培全集》（3），北京：中華書局，1984年，191頁。

新的大夫漸漸只能如梁啟超所說，多從不事生產的社群中來。大夫既然不從士來，傳統的官吏生成方式即只剩「出將入相」一途。軍人在近代中國的興起，似乎已成必然之勢。費行簡所說的「民國成立，軍焰薰天」，便是時代的寫照。有人曾與報人王新命談選女婿的標準，要「三十歲以下，又成名又成業者，且非軍人。」王回答說：「在科舉已廢的今天，三十歲以下能夠成名成業的非軍人，實不可多得。」[33]這正是典型的時代認知。

不過，將並非都能相，「出將入相」也終非正途。王新命的話，其實也不無士大夫意識的殘存。不論是有意還是無意，他顯然忽略了近代從邊緣走向中央的另一大社群——工商業者，特別是近代漸具獨立身份認同的紳商。[34] 在革命已成近代中國的伴生物的時代，更出現了像孫中山那樣的職業革命家這一新的社群。[35] 不管讀書人主觀上是否有與這些新興社群爭奪社會權勢的願望，它們的興起在客觀上促進了讀書人在中國社會中處於一種日益邊緣化的境地。

「官不如紳」的現象在晚清已漸出現，咸同時辦團練是一個「上進」的捷徑，而團練是地方性的，只能由在籍的紳士辦理。也就是說，這條路對沒有轉為紳的官吏是不通的。太平天國時期軍事行動的飄忽無常以及一些團練的官方化，使得官府在所謂地方公事方面也不得不經常依靠紳士的配合。在教育方面，書院雖由地方官控制，但山長卻必須由士紳擔任。從社會層面言，後者所得是實利。到清季實行新政時，更常常是任用紳士多於任用官員。據馮友蘭回憶，他的父親

---

33 沃丘仲子（費行簡）：《民國十年官僚腐敗史》，榮孟源、章伯鋒主編：《近代稗海》，第8輯，成都：四川人民出版社，1987年，17頁；王新命：《新聞圈裡四十年》，臺北：海天出版社，1957年，136頁。

34 參見馬敏：《官商之間：社會劇變中的近代紳商》，天津：天津人民出版社，1995年。

35 從社會史或社會學取向來研究職業革命家者，我尚未見到，其實也是大可開拓的領域。

清季在武昌為官時，就有朋友「勸他辭去湖北的官，回河南當紳，說紳比官更有前途。」這已漸成一種時代認知，所以「當時有不少的官，跑到日本去住幾個月，回原籍就轉為紳了」。[36]

在科舉制的廢除之後，紳的地位更增，其中商人又是一個越來越重要的成分。到民國時，商人地位的上升更明顯伴隨著一種「思出其位」的強烈政治參與感。楊蔭杭在二十年代初觀察到：「民國以來，官之聲價低，而商之聲價增。於是巧黠之官僚皆加『辦實業』之虛名，猶之前清買辦皆捐『候補道』之虛銜也。」這樣就出現了一種他稱為「商客」（相對於政客）的新群體，他說：「中國真正之商人，皆樸實厚重，守舊而不與外事。其周旋官場、長於奔走開會者，大率皆商客也。故商客有二種：一曰官僚式之商客，一曰流氓式之商客。」[37]

前者前清已有，即商人之捐候補道者，周旋於官場；民國後此類仍有之，並出現「自官而商」的新類型：「軍閥官僚一朝失職，以刮地皮所得，放之破產政府，盤剝重利，尚不失為時髦之財閥。此類變相之官僚機器附屬品，亦所謂商客也。」而「流氓式之商客，為民國特產，在前清無發展之餘地。此其人本與商業無關，充極其量，不過有數紙股票。然開會時之口才優於真正之商人，選舉之運動力強於真正之商人。凡商人舉代表見官長，無一次不挺身而出。凡商人打電報有所陳述，無一次不列名。」這些人「形式非政客而精神為政客」，有時甚至「口罵政客而實行政客之行為」。

楊氏雖留學生，顯然仍存傳統士人的優越感，對商人「思出其位」這一新現象頗不滿。但他敏銳地觀察到這與當時新興的社會行為方式甚而新的上升性社會變動取向相關：民國以來，「朝開會，暮開

---

36 馮友蘭：《三松堂自序》，北京：生活·讀書·新知三聯書店，1984年，34頁。

37 本段與下段，參見楊蔭杭：《老圃遺文輯》（原文刊1921年9月27日《申報》），武漢：長江文藝出版社，1993年，420-21頁。

會；壇上之言，皆名言也，然從此而止，下壇後未嘗有所行。朝打電，暮打電；電文之言，皆名言也，然從此而止，電報外未嘗有所行。」這已漸成一種職業：「更有一種新人，吃一種新飯，謂之吃會飯。蓋其人本無職業，專以開會為職業。其人非無伎能，但其畢生所有之伎能，盡用於開會。試舉其特長：一曰能演說，聲音嘹亮；二曰能擬電稿，文理條暢；三曰能算票數，若干人得若干張；四曰能廣告，使大名出現於報章。」[38]

他進而分析說：「吃會飯者，分為二類：一曰官派，一曰民派。官派之吃會飯者，即議員也，今日不甚通行。通行者為民派。此其會名，雖千變萬化，隨時勢為轉移，然其會中人物，萬變而不離其宗。」這些人「終日僕僕，可謂忙矣，然未嘗成一事。僅為電報局推廣營業，為報紙擴充篇幅」。故「開會之消磨人才，與科舉等」；同樣，「集會結社之長，等於終南之捷徑」。楊氏雖意在挖苦，卻無意中觸及了問題的實質：開會既與科舉類，則此「終南之捷徑」即上升性社會變動的一種新途徑，亦與科舉等，正體現出社會的新變化。這大約是後來「開會文化」的濫觴，其社會功能在於既為電報局和報紙製造了就業機會，更確保了「吃會飯者」的存在與發展。

這其中尤以商界地位的上升和商人參與意識的增強最為明顯，故「民國以來，有兩機關最忙：一曰電報局，一曰商會。遇有問題發生，此兩機關幾無不效勞者，殆藥中之甘草歟？」以前商人見面，皆說本行之事。如今則「身為商人，偏喜談官場之事；身為潔白之商人，偏欲干預官場齷齪之事。」官吏之除授，「商人為之挽留、為之拒絕」；官職之設廢，「商人出而建議、出而攻擊」。與新社會行為伴

---

38 本段與下段，參楊蔭杭：《老圃遺文輯》（原刊1922年2月26、28日《申報》），530、532-33頁。

隨的是在此基礎上產生出新的價值觀念：「昔人以市井為小人，今日以市井為聖人。聖之則拜之，拜之則效法之。於是舉國上下，皆以市道行之。宣傳者，廣告也，市道也。商賈謂之廣告，不商不賈而登廣告，謂之宣傳。」[39]

如果楊氏所說的宣傳與廣告的關係可確立，則商人的參與政治恰給民國政治行為打上了他們特殊的烙印。以政治興趣為主的「商客」這一政商之間邊緣小社群的出現是民國社會（以及政治）非常值得研究而尚乏關注的現象。開會發電報等新行為可以成為一些人社會地位上升的憑藉，尤其具有提示意義。從楊氏充滿挖苦的口吻中不難看出科舉制廢除後原來與讀書人關係最緊密的政治現在卻成為一些商人的興趣所在，且至少部分為商人所盤踞；而逐漸開始退居社會邊緣的讀書人對此不僅感到不習慣，更甚不滿意。

四民社會本是一個有機組合，士的消失與其他三民的難以維持其正業有相當程度的關聯。商人與軍人等傳統邊緣社群的興起只是「正統衰落、異軍突起」這一近代中國的顯著特徵在社會結構變遷之上的部分體現，與此同步的還可見一些居於各民之間的新邊緣社群的出現。同時，伴隨這些社會變遷的還有一個非常重要而迄今未得到足夠重視的現象，即原有的政治、軍事群體的社會組成及其行為都逐步呈現非常規化。比商人和軍人的積極政治參與更加突破常軌的，是「遊民」和「饑民」這類新邊緣社群對政治軍事的參與。

科舉制剛廢除時，劉大鵬已經注意到「世困民窮，四民均失其業」的現象，他也已提出「四民失業將欲天下治安，得乎？」的問題。[40] 約二十年後，楊蔭杭發現當時的情形已更嚴重：「有土而不能

---

39 楊蔭杭：《老圃遺文輯》（原刊1920年7月7日、1922年4月5日《申報》），49、564頁。
40 劉大鵬：《退想齋日記》，155、157頁。

農，有巧而不能工，有貨而不能商。」魯迅在一九〇七年已觀察到，「事權言議，悉歸奔走干進之徒，或至愚屯之富人，否亦善壟斷之市儈」。楊氏更發現「人民無事可為，於是乎多遊民；人民生計斷絕，於是乎多饑民。饑民流為盜賊，盜賊編為軍人，軍人兼為盜賊。遊民流為地棍，地棍選為議員，議員兼為地棍。」[41] 既存社會結構已解體，而新的社會結構尚未穩固確立，整個社會遂漸呈亂相。

科舉制本具有「通上下」這一重要的社會功能。在傳統的士農工商四民社會中，士為四民之首的最重要政治含義就是士與其他三民的有機聯繫以及士代表其他三民參政議政以「通上下」，而科舉制正是士與其他三民維持有機聯繫的主要管道。傳統中國士人是以耕讀為標榜的，多數人是在鄉間讀書，然後到城市為官。而做官之人或候缺或丁憂或告老，多半要還鄉。人員的流通意味著信息、資金等多管道的流通。概言之，科舉制在中國社會結構中實起著重要的聯繫和中介作用，它上及官方之政教，下繫士人之耕讀，使整個社會處於一種循環的流動之中。在新教育體制下，大學（一段時間內也包括中學）畢業基本在城市求職定居，甚至死後也安葬在城市，不像以前一樣要落葉歸根。這意味著以前整個社會的循環流動在相當大程度上已經中止，其一個影響深遠的社會後果，即中國的城鄉漸呈分離之勢。

據章太炎所見，因讀書人不返鄉造成的近代城鄉之別也始於興學堂。蓋興學堂主之最力者為張之洞，他在湖北設學校，「講堂齋廡，備極嚴麗，若前世之崇建佛寺然」，而他省傚之。太炎以為，「學者貴其攻苦食淡，然後能任艱難之事，而德操亦固」。給學生以優厚待遇的本意在勸人入學，但「學子既以紛華變其血氣，又求報償，如商人

---

41 楊蔭杭：《老圃遺文輯》（原刊1925年9月25日《時報》），898頁；魯迅：《文化偏至論》，《魯迅全集》，第1卷，46頁。

之責子母者，則趣於營利轉甚。……以是為學，雖學術有造，欲其歸處田野，則不能一日安已。自是惰游之士遍於都邑，唯祿利是務，惡衣惡食是恥。」不僅不能任艱難之事，其「與齊民已截然成階級矣」。[42]

可知後來逐漸引起世人注意的讀書人之「脫離群眾」，部分也因傳統的耕讀生涯的中止所致。而太炎最敏銳最深入的觀察，則是我曾引述過的「自教育界發起智識階級名稱以後，隱然有城市鄉村之分」；更由於「城市自居於智識階級地位，輕視鄉村」，就產生了城鄉「文化之中梗」。[43] 作為教育改革的產物，「智識階級」不僅自成一個社群，並成為一種象徵，反映出近代空間格局的轉變，以及相應的從資源配置到社會心理的轉移，也代表了一種因應此類轉變的群體人為選擇，隱喻著全方位的城鄉文化差異。民初的知識分子學西人提出「到民間去」的口號，正是那時城鄉已分離的明證。但這個問題在很長時間內並未得到時人的重視，也沒有產生出什麼對應的措施。

城鄉分離使社會情形更趨複雜，讀書人既然留居城市而不像以前那樣返鄉，鄉紳的社會來源遂逐漸改變。鄉紳中讀書人比例的降低意味著道義的約束日減，而出現所謂「土豪劣紳」的可能性轉增，這是鄉村社會秩序動盪的一個重要原因。劉大鵬在一九二六年注意到：「民國之紳士多係鑽營奔競之紳士，非是劣衿、土棍，即為敗商、村蠹。」真「夠紳士之資格者，各縣皆寥寥無幾」。[44]

一般而言，民初中國的土地兼併仍不算特別厲害。然而中國鄉村本不怎麼互通，經濟剝削和社會壓制在不同地區可能有很大差異。在

---

42 章太炎：《救學弊論》，100頁。

43 章太炎：《在長沙晨光學校演說》（1925年10月），轉引自湯志鈞編：《章太炎年譜長編》，北京：中華書局，1979年，下冊，823頁。

44 劉大鵬：《退想齋日記》，336頁。

「天高皇帝遠」的邊遠（離縣城遠也是一種邊遠）地區，或出現非常規勢力的地區（如大軍閥的家鄉），不講規矩的土豪可能偏多，的確存在剝削或壓制特重的事例。在這樣的地區，農民在經濟上和社會待遇上被逼向邊緣者必眾。

有些地方的民間社會自有其制衡約束的體制，如四川的袍哥便很起作用，故四川貧困地區的農民當兼職土匪（棒老二）的不少，參加紅軍的卻不多。但在民間社會制衡不能起到有力作用時，那些地區反對既存秩序和既存體制的情緒必強，正所謂革命的溫床。即楊蔭杭看到的「不逞者烏合，即可揭神聖之旗」。[45] 在這些地方，鬧革命（革命而曰「鬧」，尤具啟發性）的主張實最有吸引力。與城市的新興社群及新社會行為一樣，鄉村這些變化也是整體社會結構紊亂的後果。

楊蔭杭以為：「民國之事，敗於營棍子老卒者半，敗於土棍地痞者亦半。土棍地痞，不配言自治自決，猶之營棍子老卒，不配言國權威信。」[46] 他觀察到的二十年代中國總體社會景象是：各級當權者是政客軍閥和土棍地痞，自不可恃；社會上具道德廉恥者多隱遁，老百姓又無心於國事，商人中有「商客」，讀書人已處邊緣，且學人中復有「學客」（詳後）。這一片亂象的癥結恰在於章太炎所看到的中國已無社會重心這一問題。

楊氏自己也注意到這一點，他指出：「國家固應有柱石，所謂中心勢力也。共和國家以大多數之民意為柱石。即降而至於軍閥國家，亦有統一之武力為之柱石。」但當時「民意既棄如弁髦，各藩鎮有『大者王、小者侯』之勢，中央政府則自認為空空洞洞、飄飄蕩蕩之物，是雖有『國家』而無『柱石』也。無柱石，是無國家也。」在這

---

45 楊蔭杭：《老圃遺文輯》（原刊1925年9月25日《時報》），898頁。

46 楊蔭杭：《老圃遺文輯》（原刊1921年9月19日《申報》），414頁。

樣的社會中，誰來解決中國的問題？楊氏的方案是「造成一種中心勢力，以大多數之民意為基礎」，[47] 但那顯然只能是一種美好而遙遠的理想，在這樣的中心勢力未能造成之前，失去的社會重心總要有人來填補。剔去營棍、土棍、商客、學客等在楊氏眼中的貶義，他們無非體現出一些新興社群從邊緣走向中心的願望和實際的努力。在眾多邊緣社群中，邊緣知識分子恐怕是既有參與意識也最有競爭力的一個。

三　邊緣知識分子的興起

近代中國特別是民國初年的各邊緣人集團中，介於上層讀書人和不識字者之間的邊緣知識分子是最值得注意而迄今尚未得到足夠注意者。清季教育改革、特別是科舉制的廢除，即是大量邊緣知識分子出現的一個直接原因。在科舉時代，讀書人「向學」之心從少到老不疲，清代便有百歲童生的盛舉。但新學堂收生則有年齡限制。起初雖不乏二十歲上下的中小學生，但過三十者即極少見，以後入學年齡限制更越來越小。換言之，科舉制廢除的當時就斷絕了已成年而尚未「進學」的大量讀書人成為士的可能。在新教育體制下，任何讀書人到了一定年齡還未跨入知識分子階層，就已不再有希望。從清季到今天，中國高等教育機構的容量與同時期中等教育的畢業生數量相比，一直相當微小。從這個視角看，近代教育的開放性是不及以往的。在傳統的讀書做官心態影響尚大（意味著大量的人要走讀書之路），而高等教育機構的容量又甚小的情形之下，勢必產生大量的邊緣知識分子。

近代知識分子和邊緣知識分子的產生幾乎是同時的。當然，早期

---

47 楊蔭杭：《老圃遺文輯》（原刊1920年11月30日《申報》），141頁。

的學校和學生的程度都相差甚遠，同一學校的學生有時已不可同日而語，異地異校的學生更不能一概而論。由於或主觀或客觀的原因，有的人繼續深造，乃成為知識分子；有的人不願或無緣長期受教，便成為邊緣知識分子。同時，在近代中國的特殊語境中，有一些正在受教育過程中的知識青年，其最後是否會成為知識分子尚屬未定，但又已參與社會事務的討論，本文在技術處理上將其未受完系統教育時的言論均納入邊緣知識分子的範疇；對那些繼續深造者，則將其已受完系統教育時的言論納入知識分子的範疇。

大約從一九○三年起，近代知識分子和邊緣知識分子的自覺意識已萌芽。那年一月《湖北學生界》雜誌的創刊，就頗有些象徵意義。從該雜誌的內容看，裡面的「學生」顯然已不是清代科舉中人的謙稱，而是一個開始獨立的有自覺意識的社會群體。特別是該刊第二期發表的李書城寫的《學生之競爭》一文，很能反映新型讀書人要主動異化出「士」這一傳統讀書人群體的自覺意識。李氏將學生列為一個單獨的社群，居於由士大夫組成的上等社會和基本不識字的下等社會之間。並明確指出上等社會已崩潰決裂而不能救國，只能「待繼起者收拾之」；下等社會則因不知祖國歷史地理而使愛國之心無由產生。「學生介於上等社會、下等社會之間，為過渡最不可少之人。」不但要肩負起救國重任，而且要為「下等社會之指向針」。[48]

正像許多晚清士人反清是認為清廷不能救國一樣，新興的學生社群之所以要主動從士大夫中異化出來，也是因為他們認為士大夫已不能承擔救國的使命。李書城不僅強調「重哉學生之位置」，而且提出學生應先注目於「內界之競爭」：一是「權利之爭」，即爭參政議政之

---

48 本段與下段，參看李書城：《學生之競爭》，《湖北學生界》，二（1903年2月），《辛亥革命前十年間時論選集》，卷一上，452-59頁。

權利；二是「勢力之爭」，要爭在國是上的影響力。

一九〇三年，楊篤生撰《新湖南》，專對湖南「中等社會」說法，也認為中等社會諸人是「下等社會之所託命而上等社會之替人也」，其責任正在「提挈下等社會以矯正上等社會」及「破壞上等社會以卵翼下等社會」。同時，他又暗示這「中等社會」實指「湖南之青年軍」，可知多半是針對學生社群而言。[49] 留美學生許肇南就主張一國命脈在中等社會。胡適有詩記許氏的觀念說：「諸公肉食等狐鼠，吾曹少年國之主。……願集志力相夾輔，誓為宗國去陳腐。」[50] 留日學生張繼也強調：「學生為一國之原動力，為文明進化之母。以舉國無人之今日，尤不得不服於學生諸君，而東京之留學生尤為舉國學生之表率。」[51]

當然，這裡的學生，主要還是指學問的載體。在某種程度上甚至也可看作尚未成為「大夫」的「士」要與「大夫」決裂之意，隱約可見道統與治統分離所造成的困惑。其基本的出發點，雖然仍是士的以天下為己任的傳統精神，卻並不認同於傳統的士；既不以士自居，也不自詡為道統的載體。留學生當然不全是邊緣知識分子，許多已進入真正的「中等社會」；但同在中等社會之中，肉食的「諸公」與「吾曹少年」顯然是兩個社群；而後者也已將前者視為「陳腐」，要誓為宗國去之。這些言論處處呈現一種過渡與萌芽的特徵，但獨立與疏離的傾向是明顯的。

新學堂中人的獨立身份認同逐漸得到社會的認可，不久即成為時

---

49 楊篤生：《新湖南》（1903年），《辛亥革命前十年間時論選集》，卷一下，615頁。

50 胡適日記（本文所用為亞東圖書館1939年的《藏暉室札記》，以下只注年月日），1914年8月14日。

51 自然生（張繼）：《讀「嚴拿留學生密諭」有憤》，《蘇報》（1903），《辛亥革命前十年間時論選集》，卷一下，685頁。

代的共識。楊蔭杭回憶說：「清季學堂初開，凡稱學界中人者，自成一階級」，民間則呼為「吃學堂飯者」。[52] 隨著「學界中人」數量的增加，漸漸分化出老師和學生兩個獨立的社群；前引章太炎所述「自教育界發起智識階級名稱以後，隱然有城市鄉村之分」一語，或者即是兩者分開的一個表徵。蓋「智識階級」這一名稱的興起，顯然有與「學生」區分的隱義。很可能正因為「學生」這一身份名稱原先更多是代表尚處產生過程中的「智識階級」（或今日常用的「知識分子」）以區分於「舊」讀書人，後來卻僅指今日意義的在校念書者，才導致「智識階級」這一名稱的出現。

而「智識階級」或「知識分子」是否包括數量漸增的學生，也越來越成為一個問題。過去有些學者不免將其放得甚寬，如周策縱先生不僅將五四前後的初高中學生納入知識分子的範圍，而且將第一次世界大戰時旅歐華工中的識字者也歸入知識分子社群。美國學者朱丹（Donald Jordan）則將二十年代的中學生列入「上層精英」（elite）之中。[53] 這樣的分類，不論以中西當時和現在的標準，恐怕都有些勉強。但這些學者之所以不得不如此，既從一個側面凸顯了邊緣知識分子這一社群在近代中國的重要性，也說明這一社群在身份認同上的模糊。對這樣一種社群的界說，傳統中國的士農工商既不適用，近代西方的社會分類標準也覺勉強，倒不如明確其為邊緣知識分子。

近代以還，由於上升性社會變動的途徑多在城市，邊緣知識分子自然不願認同於鄉村；但其在城市謀生甚難，又無法認同於城市，故其對城鄉分離的情勢感觸最深。他們不中不西，不新不舊；中學、西

---

52 楊蔭杭：《老圃遺文輯》（原刊1922年2月28日《申報》），532頁。

53 Chow Tse-tsung, *The May Fourth Movement: Intellectual Revolution in Modern China,* Cambridge, Mass., 1960, pp. 9, 38; Donald Jordan, *The Northern Expedition: Chinese National Revolution of 1926-1928*, Honolulu, 1976, pp. 17-18.

學、新學、舊學的訓練都不夠系統，但又初通文墨，能讀報紙；因科
舉的廢除已不能居鄉村走耕讀仕進之路，在城市又缺乏「上進」甚至
謀生的本領：既不能為桐城之文、同光之詩而為遺老所容納，又不會
做「八行書」以進入衙門或做漂亮駢文以為軍閥起草通電，更無資本
和學力去修習西人的「蟹行文字」從而進入留學精英群體。他們身處
新興的城市與衰落的鄉村以及精英與大眾之間，兩頭不沾邊也兩頭
都不能認同——實際上當然希望認同於城市和精英一邊而不太為其所
接受。

　　這樣的尷尬困境早在清季興學堂時已可見到。後來參加自立軍起
事的湖南學生林圭留下了一些他將入時務學堂前幾個月的文字，頗能
體現那時邊緣少年讀書人感覺事事不如意的心態。他在論中西醫之別
時比較中西人的生活，認為中人「勞頓一生，無日不在憂患；欲行一
事，未見有暢行無阻者。故鬱字之病甚，至有極鬱而不顧風寒濕熱之
內外交攻，傷生多矣！無郁則腦舒，鬱則腦傷。……鬱病不除，則腦
不靈；腦不靈，則體魄雖存，以〔已〕成廢物。」這裡對中人生活的
描述，未必就會為那時一般中國人所接受，倒最能體現那些尚處邊緣
的少年讀書人在「傾念身世，將何處從」這一內外交困大環境下「浮
沉人世，積鬱難消；名不能成，身無以立」的心態。[54]

　　此時林圭尚不知能否進入時務學堂，他那種上下求索的煩惱焦慮
在一封給家鄉的老師談讀書的信中表述得特別清晰：林氏承認，讀書
不能「耐煩」是他近來「大病」。他在家鄉本治史論，但覺得「功已
不及」，遂「棄難從易，故又作詞章。計稍暇，即翻閱書籍，尋源溯
流，摩詞揣意。」然而詞章似乎也難速成，回顧原來下了工夫的「古

---

[54] 本段與下兩段，參見林圭致黃奕叟（三信），約光緒二十三年歲末、光緒二十四年
　　三月二十八日、光緒二十四年六月二十五日，《湖南歷史資料》，1981年第1輯，35-
　　38頁。

業」，不免「又爽然若失」。後來「有友從旁曉之者，謂詞章不佳，非徒無益，且有害焉；不如專攻文藝，進取猶易耳。」於是他又決意「廢前功而專此道，每日讀四子」。他自己總結，「凡此皆不能耐煩之病」，蓋先有「求速之心」在，結果「功愈急心愈紛，似有大氣團格於胸，亂突於上下，怦怦然，終日不能一得也。」

甲午後國勢日亟，讀書人皆急欲用世救世。而丁酉戊戌年間湖南學政江標和巡撫陳寶箴正從事教學內容與考試科目的改革，學子都有個因應的過程。林圭從史論到詞章再到文藝，在短時間內幾次「棄難從易」，凸顯出一股強烈的「求速之心」。正如他自己那時所感歎的：「嗟夫！盛時不再，塵海難濡。欲肆志新學，堂奧苦深；欲靜守天命，生涯無藉。」他考入時務學堂後，面對的即將是「堂奧苦深」的新學，仍難速達。故即使沒有戊戌的政變，像他那樣的少年讀書人恐怕也難讀畢業，終會因這樣那樣的機緣投身實際政治。

林圭留下的文字生動地再現了早期邊緣知識青年的困境及其迫切的心態，類似的狀況到民國後越來越明顯。生於一九○二年的另一位湖南革命家黃克誠，家境貧寒，十九歲以前沒穿過棉衣，但被選中為家族共同負擔的讀書人。他不負眾望，每次考試都得第一名。到考入省立第三師範後，卻因那裡「看重英文和數理化」，原「所熟悉的古文」不受重視而「逐漸產生了自卑感」。新學的「堂奧苦深」對他產生的心理壓力是明顯的，再加上國家的內外交困局面日甚，黃克誠對學業的興趣漸淡，轉而「深入地探索國家、民族、社會、階級等問題」。閱讀各種報刊後，他認識到「不光是我一個人苦於無出路，整個中華民族都處在水深火熱之中」，於是「由過去為個人尋找出路變為立志為國家、民族、社會尋找出路」。在參加了國共合作時的國民黨後，「思想上似乎有了寄託，一掃過去那種苦悶消沉的精神狀態」。最後因感覺三民主義「不能從根本上解決中國社會諸問題」，進而

「在國際的各種思潮之中選定了馬克思主義無產階級革命的道路」。[55]

從林圭到黃克誠的事例可以看出，邊緣知識分子對社會承認的期望不比任何社群差，但他們卻無法像魯迅那樣有固定收入可以抄碑帖排遣意緒，也不能像胡適那樣可以在大學獲取有面子的高薪教職。與魯、胡一樣，他們每日目睹中國在西潮衝擊下的敗落；與魯、胡不同，他們同時看見自己生涯的無望。這樣的雙重失意惆悵，使邊緣知識分子比別人多一層煩惱焦慮，因而也就更迫切需要寄託於一種較高遠的理想，以成為社會上某種更大的事業的一部分。即使生活改善不多，到底是為一種更大更高的目標而生存、而奮鬥。所以他們對社會政治等的參與感和實際的參與都要比其他許多社會群體更強。

作為一個群體，邊緣知識分子實繼承了「學生」社群初起時的「中間」或「過渡」特徵。由於他們不論身心都徘徊在城鄉和精英與大眾之間，其在一定程度上也就起到了聯繫和溝通城鄉及精英與大眾的功用。所謂邊緣，本是雙向的，即一腳踏在知識分子一邊，一腳踏在不能讀寫的大眾一邊。這樣一種兩可的特性使其有時恰更容易被雙方接受。知識分子可見其知識的一面，大眾則見其通俗的一面。

近代中國既然是走在所謂現代化的路上，其大方向總的來說是在向西走。而知識精英的西向程度是遠超過大眾的。錢穆就從義和團事件中看出上層知識分子與大眾在民族主義方面的疏離，他說：近代中國知識分子「天天把自己從西方學到的許多對中國民眾並非切膚之痛的思想和理論來無條件地向他們炫耀誇揚。外國的件件對，中國的件件不對。」實際上，民族主義情緒更強的一般民眾，對此「是會發生很大反感的」。[56] 這裡面的關係當然還更複雜。知識精英所表現出的

---

55 黃克誠：《黃克誠回憶錄》（上），北京：解放軍出版社，1989年，1-19頁。

56 錢穆：《中國思想史》，香港：新亞書院，1962年，177頁。

民族主義情緒，或者不是那麼強烈，但其內心深處實際的民族主義關懷，實不稍讓於大眾。但一般民眾認知中的知識精英，當然只能來自其表現出來的部分。錢氏觀察到的現象確實存在。

胡適還是一個邊緣知識分子時，雖然自己一直在下大功夫學英文，卻也在《競業旬報》裡鼓勵世人要「使祖國文字，一天光明一天。不要卑鄙下賤去學幾句愛皮細底，便稀奇得了不得。那還算是人麼？」[57] 可知當時學了幾句 ABCD，確實可以「稀奇得了不得」。這裡流露出的對那些能說 ABCD 者既羨慕又怨恨的邊緣知識分子心態，是非常傳神的。胡適後來成了知識精英，心態為之一變。也曾用「幾句愛皮細底」去「威懾」章太炎那樣的國學家。但近代多數沒能學會「蟹行文字」的邊緣知識分子，確實是在追逐西潮的同時對西化精英有某種不舒服的感覺。而西化知識精英與一般民眾之間的疏離，顯然還更寬。這對非常認同「與一般人生出交涉」這一取向，並將其視為「中國文學革命的預言」[58] 的新文化諸賢來說，不能不說是一個弔詭性的結局。其原因，恰蘊涵在文學革命自身之中。

近代士人講開通民智，以白話文來教育大眾早已不斷有人在提倡，陳獨秀和胡適都曾身與清末的白話文活動。但是，晚清和民初兩次白話文運動，也有很大的區別。胡適說，前者的最大缺點是把社會分作兩部分：「一邊是應該用白話的『他們』，一邊是應該做古文古詩的『我們』。我們不妨仍舊吃肉，但他們下等社會不配吃肉，只好拋塊骨頭給他們去吃罷。」余英時先生以為，胡適答案中關於「我們」和「他們」的分別，「恐怕也包括了他自己早年的心理經驗」。但胡適「在美國受了七年的民主洗禮之後，至少在理智的層面上已改變了

---

57 鐵兒（胡適）：《愛國》，《競業旬報》第34期。原報承翁飛、楊天宏先生代複印，特此致謝。

58 胡適：《五十年來中國之文學》，164-65頁。

『我們』士大夫輕視『他們』老百姓的傳統心理。」[59]

　　余先生這裡強調的「理智的層面」是一個關鍵。在意識的層面，胡適的確想要借「國語的文學」這一建設性的革命達到合「他們」與「我們」而融鑄中國之「全國人民」的目的。但其潛意識仍不脫「我們」的士大夫意識；他要為「國人導師」的自定位決定了他最多不過做到變輕視「他們」為重視「他們」（沒有做到當然不等於不想做到）。關鍵在於，一旦「與一般人生出交涉」成為宗旨，什麼是活文學便不是胡適等所能憑一己之愛好而定，而實應由「一般人」來定。面向大眾成了目標之後，聽眾而不是知識精英就成了裁判。在胡適等人的內心深處，大約並未將此裁判的社會角色讓出。胡適關於歷代活文學即新的文學形式總是先由老百姓變，然後由士人來加以改造確認即是保留裁判角色的典型表述。

　　這就造成了文學革命諸人難以自拔的困境：既要面向大眾，又不想追隨大眾，更要指導大眾。梅光迪、任鴻雋、林紓都在不同程度上意識到這一點。梅氏以為，如用白話，「則村農傖父皆是詩人」。任鴻雋有同感。他在給胡適的信中說，「假定足下之文學革命成功，將令吾國作詩者皆京調高腔。」而林紓則對「凡京津之稗販，均可用為教授」這種潛在可能性深以為戒。[60]

　　在這一點上，「舊派」比「新派」更具自我完善性。傳統士大夫的社會角色本來就是一身而兼楷模與裁判的，分配給大眾的社會角色是追隨；追隨得是否對，仍由士大夫裁定。兩造的區分簡明，功能清

---

59 胡適：《五十年來中國之文學》，192頁；余英時：《中國近代思想史上的胡適》，收在胡頌平編：《胡適之先生年譜長編初稿》，臺北：聯經出版公司，1990年修訂版，第1冊，26-27頁。

60 胡適日記，1916年7月22日，24日；林紓：《致蔡元培函》，收入《蔡元培全集》（3），274頁。

晰。但對民初的知識分子——特別是有意面向大眾的知識分子——來說，事情就不那麼簡單了。所有這些士大夫的功能，現代知識分子似乎都不準備放棄；而他們同時卻又以面向大眾為宗旨。這裡面多少有些矛盾。關鍵在於，大眾如果真的「覺醒」，自己要當裁判時，知識分子怎樣因應。假如稗販不再是「可用為教授」，而竟然「思出其位」，主動就要作教授，那又怎麼辦？林紓已慮及此，新文化人卻還沒來得及思考這一問題。

過去研究文學革命，雖然都指出其各種不足，但一般尚承認其在推廣白話文即在試圖「與一般人生出交涉」方面的努力和成功。其實恰恰在這一點上，文學革命只取得了部分的成功。胡適自稱，「在短短的數年之內，那些〔白話〕長短篇小說已經被正式接受了。」[61] 實際上，最接近「引車賣漿者流」的讀者反而在相當時期內並不十分欣賞白話文學作品，張恨水就同樣用古文寫小說而能在新文化運動之後廣泛流行，而且張氏寫的恰是面向下層的通俗小說。這很能說明文學革命在白話方面的「成功」其實還應做進一步的分析。如果從銷售的數量言，二三十年代文言小說恐怕不在白話小說之下。美國學者林培瑞已作了很大努力去證實讀文言小說的那些人就是以上海為中心的「鴛鴦蝴蝶派」早已生出交涉的「一般人」。[62]

不過，文言小說在相當時期裡的風行雖然可用統計數字證明，文學革命許多人自己的確沒有認識到，恐怕也不會承認，他們在「與一般人生出交涉」方面竟然成功有限。很簡單，他們自己的文學作品也確實很能賣，同樣是不斷地再版。這就提出一個新的問題，文學革命者們到底與什麼樣的「一般人」生出了交涉呢？或者說，究竟是誰在

---

61 唐德剛譯注：《胡適口述自傳》，164頁。

62 Perry Link, *Mandarin Ducks and Butterflies: Popular Urban Fiction in Early Twentieth-Century China*, Berkeley and Los Angeles, 1980.

讀文學革命者的作品呢？後來的事實表明，在相當長的一段時間裡，接受白話小說者只是特定的一部分人。他們中許多是從林譯文言小說的讀者群中轉過來的，有的更成了後來的作者（如巴金）。另一些大約也基本是嚮往新潮流或走向「上層社會」的知識青年。魯迅當然也曾見過以帶著體溫的銅元來買新小說的電車售票員，但他似乎也就只見到那一個。

但魯迅畢竟比一般新文化人要深刻。他其實已認識到「民眾要看皇帝何在，太妃安否」，向他們講什麼現代常識，「豈非悖謬」。正如湯茂如在一九二六年所說，「梁啟超是一個學者，梅蘭芳不過是一個戲子。然而梁啟超所到的地方，只能受極少數的知識階級的歡迎；梅蘭芳所到的地方，卻能受社會上一般人的歡迎。」所以魯迅乾脆主張「從智識階級一面先行設法，民眾俟將來再說。」[63]

孔子說，我欲仁而斯仁至。從接收者一面看，那些關心「皇帝太妃」也歡迎梅蘭芳的「一般人」，因其本不嚮往新潮流，也就不怎麼感受到文學革命的「衝擊」，自然也就談不上什麼「反應」了。可以說，原有意面向「引車賣漿者流」的白話小說只在上層精英知識分子和追隨他們的邊緣知識分子中流傳，而原被認為是為上層精英分子說法的古文卻在更低層但有閱讀能力的大眾中風行，這個極具弔詭意味的社會現象說明胡適提出的「白話是活文學而文言是死文學」的思想觀念其實是不十分站得住腳的。

這就揭示了胡適等人在有意識的一面雖然想的是大眾，在無意識的一面卻充滿精英的關懷。文學革命實際上是一場精英氣十足的上層革命，故其效應也正在精英分子和想上升到精英的人中間。新文化運

---

63 魯迅致徐炳昶，1925年3月29日，《魯迅全集》，第3卷，24-25頁；湯茂如：《平民教育運動之使命》，《晨報副刊》，1927年1月25日，10-11頁。

動領導人在向著「與一般人生出交涉」這個取向發展的同時，已伏下與許多「一般人」疏離的趨向。這個現象在新文化運動時已隱然可見了。

　　但是，從另一方面看，對於民國初年那些介於上層讀書人和不識字者之間、但又想上升到精英層次的邊緣知識分子來說，以白話文運動為核心的文學革命無疑適應了他們的需要。陳獨秀當時就已指出：「中國近來產業發達，人口集中，白話文完全是應這個需要而發生而存在的。適之等若在三十年前提倡白話文，只需章行嚴一篇文章便駁得煙消灰滅。」[64] 若仔細觀察，陳獨秀所說的白話文的社會背景，實際上就是那些嚮往變成精英的城鎮邊緣知識分子或知識青年。

　　自己也從基層奮鬥到上層的胡適非常理解這種希望得到社會承認的心態。他在後來寫的《中國新文學大系·建設理論集》的「導言」中說：「小孩子學一種文字，是為他們長大時用的；他們若知道社會的『上等人』全瞧不起那種文字，全不用那種文字來著書立說，也不用那種文字來求功名富貴，他們決不肯去學，他們學了就永遠走不進『上等』社會了！」[65]

　　像孔子一樣，胡適希望能夠向學的人都有走進上等社會的機會，所以他特別注重教育與社會需求的關聯。他剛從美國回來時就注意到：「如今中學堂畢業的人才，高又高不得，低又低不得，竟成了一種無能的遊民。這都由於學校裡所教的功課，和社會上的需要毫無關涉。」[66] 且不管胡適所說的原因是否對，他的確抓住了城市社會對此類中學生的需要有限這個關鍵。高低都不合適，正是邊緣知識分子兩難窘境的鮮明寫照。

---

64 轉引自余英時：《中國近代思想史上的胡適》，25頁。
65 收在姜義華主編：《胡適學術文集·新文學運動》，中華書局，1993年，239頁。
66 胡適：《歸國雜感》，《胡適文存》，上海亞東圖書館，1920年，卷四，10頁。

這些人的確最支持白話文運動。正如胡適所說，文學革命能很容易就取得成功的「最重要的因素」就是「白話文本身的簡捷和易於教授」。他更明確指出，文學革命就是要把「大眾所酷好的小說，升高到它們在中國活文學史上應有的地位。」小說的地位升高，看小說的「大眾」的地位當然也跟著升高。胡適並有意識地「告訴青年朋友們，說他們早已掌握了國語。這國語簡單到不用教就可學會的程度。」因為「白話文是有文法的，但是這文法卻簡單、有理智而合乎邏輯，根本不受一般文法轉彎抹角的限制」，完全「可以無師自通」。簡言之，「學習白話文就根本不需要什麼進學校拜老師的。」實際上，「我們只要有勇氣，我們就可以使用它了。」[67]

這等於就是說，一個人只要會寫字並且膽子大就能作文。這些邊緣知識分子在窮愁潦倒之際忽聞有人提倡上流人也要做那白話文，恰是他們可以有能力與新舊上層精英競爭者。轉眼之間不降絲毫自尊就可躍居「上流」，得來全不費工夫，怎麼會不歡欣鼓舞而全力支持擁護！到五四運動起，小報小刊陡增，其作者和讀者大致都是這一社會階層的人。從社會學的層面看，新報刊不也是就業機會嗎？他們實際上是自己給自己創造出了「社會的需要」。

據鄧廣銘先生回憶，一九二三至一九二七年間他在濟南山東第一師範念書時，參加了「書報介紹社」。該團體「主要是售書，但出售的都是新文化方面的書，如北邊的新潮社。北新書局、未名社，南方的創造社、光華書局出的書，我們都賣。我自己每天或隔一天利用業餘時間在校門口賣書兩點鐘。」這就是「新文學」的讀者群。鄧先生也因此「對北大特別崇拜，特別嚮往」，最後終於輾轉考入北大念

---

67 唐德剛譯注：《胡適口述自傳》，166、229，163頁。應該指出，胡適的「最重要」是數個並列，而不是通常的唯一之「最」。

書，但這些趨新邊緣知識青年中未能考上大學的當大有人在。[68] 白話文運動對這些人有多麼要緊，而他們的支持擁護會有多麼積極，都可以不言而喻了。

胡適的主張既然適應了民國初年社會變動產生出的這一大批邊緣知識分子的需要，更因為反對支持的兩邊都熱烈參與投入，其能夠一呼百應（反對也是應）、不脛而走，就不足為奇了。而且，胡適寫文章是有心栽花。他「抱定一個宗旨，做文字必須要叫人懂得」，為此而改了又改，就是「要為讀者著想」。胡適關懷的不止是他自己是否懂，而且是「要讀者跟我的思慮走」。這樣努力使自己的文章「明白清楚」的結果是「淺顯」，而淺顯又適應了邊緣知識青年的需要。同時，他作文既然不是「只管自己的思想去寫」，而是「處處為讀者著想」，有時或不免因為想像中的讀者的緣故要收束或張大「自己的思想」，這或者使胡適所表述的未必總是完全代表他的本意（應至少代表了大意）。但這樣與一般作者不同的一心一意從讀者角度出發的苦心，在民初思想接收者漸居主動地位時，就給胡適帶來了意想不到的正面回饋。[69]

的確，正是嚮往「上層」的邊緣知識分子才是西向知識精英的真正讀者聽眾和追隨者。蔡和森在一九二○年夏天就觀察到，他「所見高明一點的青年多帶一點中產階級的眼光和國家的色彩」。[70] 蔡氏當

---

68 鄧廣銘：《我與胡適》，收在耿雲志主編：《胡適研究叢刊》，第1輯，北京：北京大學出版社，1995年，213頁。

69 胡頌平編：《胡適之先生晚年談話錄》，北京：中國友誼出版公司，1993年，23、240、66頁；唐德剛：《胡適雜憶》，北京：華文出版社，1992年，70頁；胡適：《四十自述》，上海書店影印亞東圖書館1939年版，123頁。

70 蔡和森並不認同於這些青年，他「將擬一種明確的提議書，注重『無產階級專政』與『國際色彩』兩點」。參蔡和森致毛澤東，1920年8月13日，《新民學會資料》，北京：人民出版社，1980年，131頁。

時正在法國勤工儉學，他能看到的「高明一點的青年」，大致不出邊緣知識分子範疇。值得注意的是，這些人卻「多帶有中產階級眼光」。此時與清季的社會構成已很不相同，而各社群的自我定位尤與前相異，邊緣知識青年這時已未必自視為「中產階級」（這一點遍觀《新民學會資料》中的通信隨處可見）；正由於其有意追隨精英，所以才「思出其位」，具有與其實際地位不那麼相當的「眼光」。

文學革命無疑給邊緣知識分子提供了方向和出路。當他們從茫然走向自覺時，也必定要想發揮更大更主動的作用。作為西向知識精英的真正追隨者，嚮往「上層」的邊緣知識分在在知識精英面前代大眾而為一種想像的聽眾；而他們在大眾面前有時又代精英執行士的社會領導作用，並將其所接收的再傳布給大眾。這樣的中介功用至少部分彌合兩者的疏離，但有時也可能造成雙方虛幻的接近感。

邊緣知識分子在對大眾立言之時，其口號仍基本是從知識精英那裡傳承來的西向口號，這是近代中國全社會或多或少都有尊西傾向的一個重要原因。但是，邊緣知識分子也有自己的思想，故在溝通雙方時有意無意間將自己的願望和觀念轉移到兩造身上。更因其中介功用的不可或缺，結果不但影響雙方，更有因替代而成真的情形。錢穆觀察到的精英往西走而大眾民族主義情緒尚強的現象，部分也有邊緣知青的作用。蓋西化口號下所包含的實際內容，經邊緣知青轉手後，到一般民眾那裡已大為淡薄。如果說近代中國人表露出的民族主義情緒有一個自下而上逐漸淡化的現象，可以說其西化傾向也有一個自上而下的淡化過程。這裡面邊緣知識分子的中介作用是有特殊意義的。

而且，正因為邊緣知識分子所掌握的中西學均有限，反容易自以為「已學通」而行動更大膽活潑。他們的行動能力的確是超過知識精英的。林白水在一九〇三年說：「你看漢高祖、明太祖是不是讀書人做的？關老爺、張飛是不是書呆子做的？可見我們不讀書的這輩英

雄，倘然一天明白起來，著實利〔厲〕害可怕得很。」不過，林氏馬上又指出：「書雖然來不及去讀，報卻是天天要看的。」[71] 這透露出林氏所針對的，正是那些不太算得上「讀書人」，卻又還能看報者。正因為邊緣知識分子膽大肯幹，一般民眾漸得出他們在「幹」而知識精英只會「說」的認知。

這樣，中國傳統中的反智傾向也得到某種程度的「現代復興」。梁啟超在《新民說》中已點名攻擊讀書人說：「謂其導民以知識耶？吾見讀書人多而國民愚也。謂其誨民以道德耶？吾見讀書人多而俗日偷也。」這些人「事無廉恥而嗜飲食，讀書人實一種寄生蟲也。在民為蠹，在國為虱。」[72]

梁氏的觀念很得林白水的同感，林氏也指出：「我們中國最不中用的是讀書人。那般讀書人，不要說沒有宗旨、沒有才幹、沒有學問，就是宗旨、才幹、學問件件都好，也不過嘴裡頭說一兩句空話，筆底下寫一兩篇空文，還能夠幹什麼大事呢？」他特別指出，以前的讀書人也還是有用的，「但是現在的讀書人比不得從前」了。林氏本有替國民立說之志，他在一九〇四年寫的《國民及其意見》中說：「你道這意見是我一個人的意見麼？大家是國民，便大家都有這一番的意見，我白話道人不過替你們大家發表發表罷了。」以前的士人是代聖人立言，現在林氏要代國民立言。立場一移，他就理直氣壯地代國民斷言說：「現在中國的讀書人沒有什麼可望了。」[73]

到一九一五年北京政府被迫接受日本「二十一條」的大部後，梁

---

71 林懈：《中國白話報·發刊詞》，1903年12月19日，《辛亥革命前十年間時論選集》，卷一下，605頁。清初的曾靜說，以前的皇帝都讓世路上的英雄做了，其實皇帝合該我儒生做。與林的認知恰相反。

72 梁啟超：《新民說》，《飲冰室合集·專集》之四，89-90頁。

73 林懈：《發刊詞》、《國民意見書》（1904年），《中國白話報》，《辛亥革命前十年間時論選集》，卷一下，603-605、894頁。

啟超重申他對中國讀書人的譴責說：「今日國事敗壞之大原」，即種因於士大夫之惡劣。因為蠹國之官僚、病國之黨人，皆士大夫也。「勸老百姓愛國者，士大夫也；而視國家之危難漠然無動與中者，即此士大夫也；利用老百姓之愛國以自為進身之徑謀食資者，亦即此士大夫也。」不過梁仍主要是自責，他還是認為「一國之命運，其樞紐全繫於士大夫。」所以，「欲國恥之一灑，其在我輩之自新。我輩革面，然後國事有所寄。」[74] 這已是民國初年，梁啟超仍存以天下為己任的傳統士大夫觀念，但他所說的「士大夫」，在社會學意義上已不存在，只能是「讀書人」的同義詞而已。

又幾年後，楊蔭杭說：「魏何晏粉白不去手，行步顧影；宋王安石囚首喪面而談詩書，二者皆失也。中國舊學家，以囚首喪面者為多；今之歐美留學生，以粉白不去手、行步顧影者為多。」所謂「凡誠於中者，必形於外。行步顧影之留學生，有如花鳥，僅可以供觀賞家之陳設。囚首喪面之老學究，有如骨董，僅可以供考古者之研究。其不切於實用則一也。」[75] 這是林白水讀書人無用論的發展，既然新舊學者都不能適應時代的需要，讀書人與社會的脫節就得到進一步的強調。

在清季民初的新舊之爭中，當新舊精英的任意一方穩坐主流或保持控制時，另一方便無多少號召力；當新舊任意一方的觀念學說能夠得到廣泛的常規傳播時，另一方也沒有多少號召力。但如果一統局面被打破而任何一方尚未取得完全控制的形勢時，多少受過一些教育的邊緣知識分子就可以向任何更具吸引力的一方傾斜。由於既存的舊體制實不能給邊緣知識分子一席地，舊派當下也確實提不出多少救亡圖存的辦法，而「新」的不可知性使其提供的未來至少有可能是光明

---

74 梁啟超：《痛定罪言》，《飲冰室合集‧文集》之三十三，1-9頁。
75 楊蔭杭：《老圃遺文輯》（原刊1921年11月1日《申報》），458頁。

（包括個人的和國家的），則邊緣知識分子選擇趨新的一面，幾乎是自然而然的。更因邊緣知識分子的量大，並能逐漸對自己這一社群的潛力有所認識，新勝舊在社會層面幾乎已成定局。由於追隨者在新舊之爭的勝負中扮演著重要的甚至是決定性的作用，其地位就不同尋常了。

而且，「舊學家」本欲與大眾有所距離，故其對缺乏追隨者或有一定程度的心理準備。對非常認同「與一般人生出交涉」這一取向的新文化諸賢來說，與大眾的疏離卻不能不說是一個弔詭性的結局。現代知識精英既然連與大眾溝通都困難，自難以充分填補因士的來源中絕而出現的社會領導空缺，而膽大肯幹的邊緣知識分子反能部分取代知識精英以填補此社會領導地位的空缺。如果把民初新戰勝舊這一現象看成一座冰山，則其水面之下隱伏著遠更寬廣的社會變遷。換言之，思想方面新舊之爭的表面勝負之下實隱伏著更深層次的社會權勢轉移。

少年「暴得大名」的胡適在一九一八年寫的一篇文章中，以上海大舞臺為「中國的一個絕妙的縮本模型」，指出在臺上支撐場面的「沒有一個不是二十年前的舊古董」。古董而且舊，其過時自不待言。據胡適在那時的看法，這是因為中國「時勢變得太快，生者偶一不上勁，就要落後趕不上了」。[76] 的確，民初中國思想界的激進化真是一日千里，從新變舊有時不過是幾年甚至幾個月之事。胡適曾以龔自珍的「但開風氣不為師」與章士釗共勉，因為他們「同是曾開風氣人」。但各種「曾開風氣人」又大都在開風氣之後不久就被其追隨者視為保守而「落伍」，不過梁啟超和章士釗的落伍又有所不同。

以溫和著稱的胡適自謂他少年時「受了梁先生無窮的恩惠」，曾

---

76 胡適：《歸國雜感》，《胡適文存》，卷四，2頁；胡適致高一涵等（稿），1919年10月8日，《胡適來往書信選》，北京：中華書局，1979年，上冊，72頁。

是梁的追隨者。但他又遺憾地指出：「有時候，我們跟他走到一點上，還想望前走，他倒打住了，或是換了方向走了；在這種時候，我們不免感覺一點失望。」不過，胡適也不否認梁啟超「這幾年頗能努力跟著一班少年人向前跑。他的腳力也許有時差跌，但他的興致是可愛的」。梁所跟著跑的「少年」，正是胡適等人，當然「可愛」。章則不然，他不但不跟著少年跑，且攻擊「梁任公獻媚小生，從風而靡，天下病之」。故胡適說章甘心落伍而不甘心落魄，不得不站到反對的一邊去作首領。[77]

其實，梁的落伍，部分也因為他並不僅僅是跟著跑。錢基博說，胡適歸國，「都講京師，倡為白話文，風靡一時」。梁啟超「樂引其說以自張，加潤澤焉。諸少年噪曰：『梁任公跟著我們跑也』」。但「梁出其所學，亦時有不『跟著少年跑』而思調節其橫流者」。一個人是否落伍即在於是否「跟著少年人跑」，頗能提示那時的時代風尚。具有弔詭意味的是，在這樣的時代，要想「調節其橫流」，必先「跟著少年跑」；如果不「跟著少年跑」，也根本就無法「調節其橫流」。但若「調節其橫流」的苦心超過了「跟著少年跑」的努力，仍要落伍。

近代中國不論思想社會，總之都呈正統衰落、邊緣上升的大趨勢。社會變遷既是思想演變的造因，也受思想演變的影響。西潮衝擊之下的中國士人，由於對文化競爭的認識不足，沿著西學為用的方向走上了中學不能為體的不歸路。自身文化立足點的失落造成中國人心態的劇變，從自認居世界文化的中心到承認中國文化野蠻，退居世界文化的邊緣。結果，從思想界到整個社會都形成一股尊西崇新的大潮，可稱作新的崇拜。[78] 一般而言，所謂過時、落伍，即立說者不能

---

[77] 本段與下段，參見胡適：《四十自述》，100頁；《老章又反叛了》，《胡適學術文集‧新文學運動》，164-68頁；錢基博：《現代中國文學史》，臺北文海影印1936年增訂版，354頁。

[78] 參見本書《新的崇拜：西潮衝擊下近代中國思想權勢的轉移》。

適應時代的需要、解決時代的問題。但在正統已衰落、邊緣正興起的民初中國，這很可能更多意味著別的意思。

崇新自然重少。從邏輯上言，中國傳統既然黑暗，則越年輕當然受害越少也越純潔，故少年才代表著中國的未來和希望。所以魯迅寧願自己來肩負那「黑暗的閘門」，讓青年少讀或不讀中國書；而錢玄同更主張將四十歲以上的人全殺掉；他們無非都是眼盯著那較純潔的年輕一輩。在此重少的流風覆蓋下，出現聽眾的擁護與否決定立說者的地位、上層知識分子反向邊緣知識分子靠攏這樣一種特殊的社會權勢再轉移。

新文化運動之所以能不脛而走、風行全國城鎮區域，形成時代的「潰潦」，有一個思想以外的根本社會原因，即大批知識青年的追隨。胡適的「暴得大名」，本來是因部分適應了新興的邊緣知識「少年」的需要。後來胡適也自覺不自覺地一直「跟著少年跑」，但他終因不時「思調節其橫流」，結果仍未跳出「暴起一時，小成即墮」的循環規律之中，不久也重蹈梁啟超的覆轍。

不過幾年後的北伐之時，年僅三十五歲的胡適自己也被視為新文化運動的「老少年」，已「中止其努力」了。少年而老，其「落伍」的象徵是明顯的。新文化運動的追隨者責備胡適一輩說：「這些老少年們還沒有做完他們前驅的工作，還沒有把一班人帶上了新時代的坦途上，他們便撒手不管了。」其想法思路與胡適當年責備梁啟超未盡帶路之責如出一轍。而新一代人也像胡適一代一樣，沒有人帶仍要走自己的路。既然帶路者已不再前進，新一代便明確宣布：「新時代……這個責任便擔承在我們青年人的兩個肩膀上邊。」[79] 其認帶路者已落伍而要疏離於他們的傾向是顯而易見的。追隨者既離異，從社

---

79 梁叔瑩：《思想上的新時代》，《晨報副刊》，1927年2月14日，1-2版。

會學的角度看，胡適的確是落伍了。

有意思的是，梁、胡等人對自己的「過時」都有所認知。梁啟超在一戰後由政治活動而轉入思想學術，既是有感於北洋政府對他的冷漠，也未嘗沒有因看見知識青年紛紛轉入新文化運動麾下而思「爭奪」之意。可惜在聽眾決定立說者地位的時代，一個「落伍」者的此類努力通常都難以成功。北伐時梁已承認青年中同情共產學說的「百分中居九十九」，他也只能挽回一個算一個了。[80] 胡適自己對青年一輩的離異同樣深有所知，他在一九三六年給周作人的信中說：「我在這十年中，明白承認青年人多數不站在我這一邊。」[81]

在某種程度上，能有較長遠的政治思慮，也是社會分工上已不再為四民之首，而在思想上多少還能為社會指方向的民初知識分子存在的一項主要社會價值。故在民初的北洋時期，才有些自以為是社會中堅、卻因道治二統的分離而獨善其身的「好人」出來努力影響政治，甚至有組織「好人政府」的想法。這正是重心已失，卻還有些餘勇可賈的時候。但「好人」之必須「出」，實即其已不再居於社會中心的直接表徵。「好人政治」的失敗本身近一步表明這些「好人」也不能像傳統的士那樣作政治的重心。知識分子既然已不能為社會指引方向，其存在價值自然就進一步降低，不得不讓位給具體做事的邊緣知識分子。「好人」們既然自知無用，大家或者學俄國的虛無黨「到民間去」；或者如胡適所認知的那樣去追趕時勢，以「免了落後的危險」。

本來邊緣知識分子因在社會變動中上升的困難，就更迫切需要寄託於一種高遠的理想，以成為社會上某種更大的事業的一部分，所以他們對社會政治等的參與感要比其他許多社會群體更強。白話文的推

---

80 參見毛以亨：《一代新銳梁任公》，臺北：河洛出版社，1979年，120、132頁；丁文江、趙豐田：《梁啟超年譜長編》，1130-1131頁。

81 胡適致周作人，1936年1月9日，《胡適來往書信選》，中冊，297頁。

廣既擴大了邊緣知識分子的隊伍也強調了他們的影響，白話文本身同時又為日後的標語口號演說等政治行為的興起埋下了伏筆。故蘇俄式的群眾政治運動方式尚未引進，其在中國得以風行的土壤已經準備好了。胡適等新文化人提倡在先，邊緣知識分子自覺在後；他們一旦自我覺醒，參與意識更強，就要在社會政治生活中起到更大的作用。

五四運動更使社會各界注意到學生力量的重要，京、滬新聞出版界立即開始大量啟用大學生，各政黨則同時注意在中學生中發展力量。到二十年代，國家主義派的李璜已在抗議各政治黨派驅使利用中學生參政而造成其流血犧牲，魯迅到廣州也發現北伐軍中拼命的原來竟是學生輩，[82] 邊緣知識分子無疑已漸成中國政治力量的主力軍。正如楊蔭杭所見：「他國學生出全力以求學問，尚恐不及。中國學生則紛心於政治，幾無一事不勞學生問津。」[83] 這樣，在中國歷史上，邊緣知識分子第一次既是政治運動的主力軍又部分是其領導中心；而且恐怕是唯一一個參與意識既強，其數量又大到足以左右其所在政治運動的社會群體。二十世紀中國各政治運動的成敗，常視其能否吸引和容納大多數邊緣知識分子而定。

楊蔭杭觀察到：學界中「亦有『客』焉，所辦者曰『學務』；而無事不提議，無電不列名。則其人固非教育家，不過『學客』而已矣。為求學故入學；乃在求學時代，竟無一事不通曉，無一事不干預，則其人固非學生，不過『學客』而已矣。」雖說國家興亡，匹夫有責，不能說學界就不問國是，「然教育家之義務，在教育後進以救國；學生之義務，在學成人才以救國」。若「掛學校之招牌，而自成

---

82 李璜：《我們為什麼要辦愛國中學》，《晨報副刊》，1926年7月27日；魯迅：《慶祝滬寧克復的那一邊》，《國民新聞》（廣州），1927年5月5日，重印在《中山大學學報》1975年3期。

83 楊蔭杭：《老圃遺文輯》（原刊1920年12月20日《申報》），163頁。

一階級，自創一政派，則學殖荒矣。若更為政客所利用，東設一機關，西設一事務所，終日不讀書，但指天劃地，作政客之生涯，則斯文掃地矣。」[84] 這裡「自成一階級」的「學客」，與前述的「商客」一樣思出其位而不務其本業。

楊氏注意到：那時的「學生自視極尊，謂可以不必學；且謂處此時世，亦無暇言學。於是教育與政治並為一談，而學生流為政客。」問題是，「若人人以為不必學，而學校改為政社，浸假而人人輕視學校，不敢令子弟入學」，則造成「教育破產」，其慘「更甚於亡國」。他進而指出：「學風不良，不能專責學生，當責教職員。為教職員者，凡遇學生校外運動，或加以獎勵，或不恤表同情，向當局請願。此實奇異之舉。以此輩司教育，勢必反主為客，聽學生之指揮。」[85]

科舉制廢除本使道治二統分離，學術獨立的觀念從清季起便頗有士人鼓吹，到民國更成為主流，但民國教育反呈現出比以前更政治化的傾向。「學習救國兩不誤」本是民國內外交困的特殊語境下出現的口號，自有其時代意義。就是主張學生應專心讀書的胡適在一九二一年也承認，「在變態社會中，學生干政是不可免的」。[86] 當時的教師也確有難處，倘不聲援學生，似乎又顯得缺乏「正義」。有些人或會將讀書人在政治舞臺的活躍看作學界地位的上升及政治參與意識的增強，其實若從社會視角看，讀書人在政治活動中看似重要的影響，卻是其在社會上日益邊緣化後出現的一個特殊現象——「學生自視極尊」及教職員「反主為客」，甘願「聽學生之指揮」這樣的「奇異之舉」，正體現出民國知識分子自身走向邊緣後「老師跟著學生跑」的時代趨勢。

---

84 楊蔭杭：《老圃遺文輯》（原刊1921年9月29日《申報》），422頁。
85 楊蔭杭：《老圃遺文輯》（原刊1923年2月3日、6日《申報》），711、713頁。
86 參見羅志田：《再造文明之夢——胡適傳》，254頁。不過胡適反對「兩不誤」，他主張或者一心讀書，或者完全去干政治。

到一九四六年，聞一多自問道：中國的老師和學生「究竟是誰應該向誰學習」？答案自然是老師向學生學。因為「這年頭愈是年輕的，愈能識大體，博學多能的中年人反而只會挑剔小節。正當青年們昂起頭來做人的時候，中年人卻在黑暗的淫威面前屈膝了。」[87] 一九四八年聞氏的朋友朱自清去世，許德珩在輓聯中說：朱氏「教書三十年；一面教，一面學，向時代學，向學生學。」[88] 這真是那個時代作教師者「跟著少年跑」的最好寫照。

同時，邊緣知識青年自身也受時代激進趨勢的影響，其激進也隨時代而進步；而且他們一旦激進起來，其速度又比老師輩更為迅猛。君不見「問題與主義」論爭時，後來的馬克思主義者毛澤東此時基本是站在主張研究「問題」這一邊的。[89] 同樣，後來非常著名的共產黨人惲代英，在五四前後給胡適的信中所表露的思想，就比錢玄同還要溫和得多。惲代英主張「與舊勢力不必過於直接作敵」。他覺得更有成效的辦法是「把孔子的好處發揮出來」以平舊派不正的感情，然後證明舊派其實不合孔子之道。惲氏已認識到那時「所謂新人物不盡有完全之新修養。故舊勢力即完全推倒，新人物仍無起而代之之能力。」[90]

這在當時是極少見的卓識。新派破壞了舊的以後，用什麼新的東西來代替呢？胡適和新文化人除了用白話來代替文言這一確切答案，似乎也未準備好其他方面的具體解答。既然不能取代，一味打倒，只會增強中國的亂象。持這樣穩健觀念的人，竟然不久就成為身與武裝

---

87 聞一多：《八年的回憶和感想》，《聞一多全集》，湖北人民出版社，1993年，第2卷，432頁。

88 轉引自謝興堯：《我編專刊》，《讀書》，1995年1月號，134頁。

89 毛澤東曾在湖南組織「問題研究會」，這樣重視「研究問題」的在當時國內還不多見。參見汪澍白等：《青年毛澤東世界觀的轉變》，《歷史研究》，1980年5期。

90 惲代英信引自耿雲志：《胡適年譜》，成都：四川人民出版社，1989年，73頁。

革命的領袖，可知邊緣知識青年行動起來之後，其激進是遠過於其老師輩的。五四時如果要在胡適與陳獨秀之間劃一條線，很可能毛和惲都會站在更溫和的胡適一邊。但他們後來在共產黨內，都覺得陳獨秀右傾（即保守）並努力反對之。幾年之間，兩代人「進步」的速度已完全不可同日而語了。

北伐時生胡適與死孫文論「知難行易」還是「知難行也不易」，觀點雖對立，但都著眼與「行」的青年，恰是「知」和知的載體都已差不多到頭，只好讓位於「行」和行的載體的一個表徵。而行的載體的地位一上升，又反過來影響思想演變的走向。余英時先生觀察到：馬克思主義一類思想在中國社會上的廣泛傳播，「最先是大學生受到感染，然後再一步一步地影響到教授階層。」[91] 老師向學生學習既然成了終生的目標，則學生喜歡的，老師也不得不學著去喜歡。新文化運動的老師輩從威爾遜向列寧的轉移，恰證明這樣一個學生影響教授的過程。國人學習的榜樣既由英美轉向蘇俄，中國思想權勢又出現新的轉移。

可以說，在西潮東漸以前，中國的發展基本上遵循一種「在傳統中變」（change within the tradition）的模式。但這樣一種發展模式在西潮衝擊下的近代中國卻已難以維持，因為西方要迫使全世界跟著它變。對中國而言，僅僅是要生存，用當時人的話說，就是要保存中國的種姓和國粹，也不得不至少學習造成西方強大的那些秘訣。一旦中國人接受西方的強大並非僅靠工藝和科技、更重要的是制度和觀念這樣一種西方思維，其所尋求的改變就只能是向西走的在傳統之外變（change beyond the tradition）了。但這樣一變，國粹的立足點也就隨之而去。

---

91 余英時：《中國近代思想史中的激進與保守》，《歷史月刊》（臺北），第29期（1990年6月），145頁。

　　以今日的後見之明看，近代中國士人的包容性和勇氣都是驚人的。在國恥發生的當時就提出向敵人學習，通常在政治上是極不「正確」的（做而不說，或做而曲說之，均要「正確」得多）。這可以從一個側面表明士人此時大致還能掌握社會的方向。但教育體制的改革，特別是廢科舉，則不啻士人的自毀。沒有了社會意義的「國粹」，也就意味著沒有一個社群有資格來界定思想上的國粹，從而就暗藏了後來無國粹可認同的隱憂。雖然具體的學習榜樣不時在轉換，而所欲學者也越來越具有選擇性，「向西方學習」的確是清季以來中國士人的共識。

　　但不論榜樣何在，中國讀書人學習西方是為了要建立一個更新更強的國家，最終凌駕於歐美之上。中國人從西方學習到的東西轉用以「制夷」者頗眾，民族主義即其中之一。外國在華存在已成中國權勢結構之一個組成部分這一特殊政治形勢，更使所有中國政治運動都帶有一定的民族主義性質。從社會學的角度看，民族主義運動有其特殊的吸引力。邊緣知識青年在其中找到自身價值的實現，從不值一文的白丁（nobody）變成有一定地位的人物（somebody），國家的拯救與個人的出路融為一體。精英知識分子也在這裡發現一個選擇，即一條通往回歸到與大眾和國家民族更接近的路徑，在某種程度上也可說是從邊緣回歸中央的可能。故民族主義運動為知識分子的邊緣化和新興的邊緣知識分子都提供了某種出路，其在近代中國形成一股大潮也就是自然的發展了。

原刊《開放時代》1999年4期

近現代中華文化思想叢刊 A0102013

權勢轉移：近代中國的思想與社會（修訂版） 上冊

作　　者　羅志田
版權策畫　李　鋒
責任編輯　楊家瑜

發 行 人　林慶彰
總 經 理　梁錦興
總 編 輯　張晏瑞
編 輯 所　萬卷樓圖書股份有限公司
臺北市羅斯福路二段 41 號 6 樓之 3
電話 (02)23216565
傳真 (02)23218698

出　　版　昌明文化有限公司
桃園市龜山區中原街 32 號
電話 (02)23216565
發　　行　萬卷樓圖書股份有限公司
臺北市羅斯福路二段 41 號 6 樓之 3
電話 (02)23216565
傳真 (02)23218698
電郵 SERVICE@WANJUAN.COM.TW

ISBN 978-986-496-113-9
2018 年 1 月初版
2020 年 5 月初版二刷
定價：新臺幣 280 元

如何購買本書：

1. 劃撥購書，請透過以下郵政劃撥帳號：
　帳號：15624015
　戶名：萬卷樓圖書股份有限公司

2. 轉帳購書，請透過以下帳戶
　合作金庫銀行 古亭分行
　戶名：萬卷樓圖書股份有限公司
　帳號：0877717092596

3. 網路購書，請透過萬卷樓網站
　網址 WWW.WANJUAN.COM.TW

大量購書，請直接聯繫我們，將有專人為您
服務。客服：(02)23216565 分機 610

如有缺頁、破損或裝訂錯誤，請寄回更換
版權所有·翻印必究
Copyright©2020 by WanJuanLou Books CO.,
Ltd.All Rights Reserved　Printed in Taiwan

國家圖書館出版品預行編目資料

權勢轉移：近代中國的思想與社會 / 羅志田
著.-- 初版.-- 桃園市：昌明文化出版；臺北
市：萬卷樓發行, 2018.01
　冊；　公分.-- (中華文化思想叢書)
ISBN 978-986-496-113-9(上冊：平裝).--
1.思想史 2.近代史 3.史學評論 4.中國
112.7　　　　　　　　　　　　107001279

本著作物經廈門墨客知識產權代理有限公司代理，由北京師範大學出版社（集團）有
限公司授權萬卷樓圖書股份有限公司出版、發行中文繁體字版版權。